Marcel Rank

Sanierungsfall Afrika

40 Jahre Entwicklungshilfe

Bilanz und Perspektiven

AUSSENHANDELSPOLITIK UND -PRAXIS

Herausgegeben von Prof. Dr. Jörn Altmann

ISSN 1614-3582

5 *Thomas Wölfel*
Marken- und Produktpiraterie
Eine Studie zu Erscheinungsformen und Bekämpfungsmöglichkeiten
ISBN 3-89821-284-X

6 *Imke Heinrich*
Markenführung als strategischer Erfolgsfaktor
ISBN 3-89821-351-X

7 *Albrecht Neumann*
Kulturspezifische Probleme in deutsch-russischen Wirtschaftsbeziehungen
Das Beispiel Siemens Business Services in Moskau
ISBN 3-89821-408-7

8 *Tanja Fuß*
Negotations with the Japanese
Overcoming Intercultural Communication Hurdles
ISBN 3-89821-420-6

9 *Verena Ohms*
Rechnungslegung national und international
Eine vergleichende Darstellung der Rechnungslegungsgrundsätze nach HGB und IFRS
ISBN 3-89821-520-2

10 *Verena Ohms*
Konzernabschlüsse national und international
Eine vergleichende Darstellung der Konzernrechnungslegung nach HGB und IFRS
ISBN 3-89821-521-0

11 *Astrid Zippel*
EU-Förderprogramme für kleine und mittelständische Unternehmen
Ein Ratgeber
ISBN 3-89821-704-3

12 *Nicole Daiker*
Risikomanagement im Zollbereich
unter besonderer Berücksichtigung des zugelassenen Wirtschaftsbeteiligten
ISBN 978-3-89821-897-9

13 *Ying Sun*
Beschaffung in China
Ein Ratgeber für optimale Verhandlungen mit chinesischen Lieferanten
ISBN 978-3-8382-0002-6

Marcel Rank

SANIERUNGSFALL AFRIKA

40 Jahre Entwicklungshilfe

Bilanz und Perspektiven

ibidem-Verlag
Stuttgart

Bibliografische Information der Deutschen Nationalbibliothek
Die Deutsche Nationalbibliothek verzeichnet diese Publikation in der Deutschen Nationalbibliografie; detaillierte bibliografische Daten sind im Internet über http://dnb.d-nb.de abrufbar.

Bibliographic information published by the Deutsche Nationalbibliothek
Die Deutsche Nationalbibliothek lists this publication in the Deutsche Nationalbibliografie; detailed bibliographic data are available in the Internet at http://dnb.d-nb.de.

∞

Gedruckt auf alterungsbeständigem, säurefreien Papier
Printed on acid-free paper

ISSN: 1614-3582

ISBN-10: 3-8382-0021-7
ISBN-13: 978-3-8382-0021-7

Printed in Germany

Management Summary

Afrika ist ein geteilter Kontinent. Nördlich der Sahara sind Volkswirtschaften beheimatet, die zu den reicheren des Kontinents gehören. Diese Länder weisen, relativ zu den Ländern südlich der Sahara, eine homogene Bevölkerungsstruktur auf. Südlich der Sahara gehören die meisten Länder zu den am wenigsten entwickelten dieser Welt. Diese weisen durch die Entkolonialisierung eine heterogene Bevölkerungsstruktur auf und sind somit Vielvölkerstaaten. Nach 40 Jahren Entwicklungshilfe hat sich der Kontinent sehr spärlich entwickelt und viele Länder Afrikas haben ein niedrigeres Pro-Kopf-Einkommen als, vor 40 Jahren. Diese Entwicklung hat interne und externe Ursachen.

Als hauptsächliche interne Ursachen gelten Konflikte und Kriege, sowie undemokratische und schlechte Regierungsführungen. Die mangelhafte Infrastruktur des Kontinents, hat den Anschluss an die globalisierte Welt nicht ermöglicht. Somit konnte der Kontinent nicht an den hohen Wachstumsraten der Weltwirtschaft der letzten 15 Jahre teilhaben. Afrika wurde von den Ländern anderer Kontinente als Rohstofflieferant genutzt und geriet somit in die Abhängigkeit seiner Rohstoffressourcen als Devisenbeschaffer. Dieser Umstand hat die wirtschaftliche Entwicklung außerhalb des Rohstoffsektors behindert. Die ungehinderte Verbreitung von Krankheiten wie HIV/AIDS oder Malaria behinderte Afrika ebenso in der Entwicklung, wie die mangelhafte Bildung der Bevölkerung.

Als externe Ursachen gelten Handelsbarrieren, die politische und wirtschaftliche Ausnutzung des Kontinents durch Dritte und im begrenzten Umfang die Entwicklungshilfe. Die Handelsbarrieren und Subventionen verhindern die Entwicklung einer international wettbewerbsfähigen Industrie sowohl im Fertigungsgüter- als auch im Agrarbereich. Die Länder Afrikas behindern durch hohe Zölle den Handel mit Fertigungsgütern sowohl mit den Industriestaaten als auch untereinander. Subventionen der Industriestaaten im Agrarbereich verhindern den Handel mit Agrargütern aus Afrika. Die entwickelte Welt verursachte und/oder befeuerte Kriege und Konflikte auf dem Kontinent. Dies geschah unter dem Aspekt des Ost-West-Konfliktes und der reichen Rohstoffvorkommen des Kontinents. Entwicklungshilfe wirkt ab einer Höhe von 8% der Staatseinnahmen kontraproduktiv und wurde in der Vergangenheit unter falschen Bedingungen und Verwendungsmodalitäten gewährt. Auch unterstützt sie Staatsstreiche und finanziert den Rüstungshaushalt der Staaten Afrikas.

Die internen und externen Ursachen stehen in Interaktion zueinander, da innenpolitische Ereignisse und die Entwicklung der Gesellschaften Afrikas auch durch Einwirkungen von außen beeinflusst wurden.

Management Summary

Africa is a split continent. In the north, the richer national economies are domiciled. These countries are identified, compared to the sub-Saharan countries, with a homogeny structure of population. The most countries south of Sahara belong to the Least Developed Countries. The population is more heterogeneous in these countries. They are called multiethnic states. After 40 years foreign aid, the development of the economies and societies is spare. The per capita income is lower than 40 years ago. The reasons for that development are occurred, because of internal and external causes.

The main internal causes are conflicts, wars and undemocratic and bad governance. The lack of investments in infrastructure is guilty for disconnecting Africa to the global economy and globalization. This fact prevents to share Africa the high rates of growing from the global economy. The other countries outside the continent used Africa as a commodity supplier. The dependence from commodity was growing. This fact prevents the development of the economy outside the commodity sector. The unhampered dissemination of diseases, e.g. HIV/AIDS or Malaria, prevents the development of the economies, the same as faulty education.

External causes are trade barriers, political and economic exploitation and partly foreign aid. The trade barriers and subsidies prevent the development of an international competitive industry in agriculture and goods. The countries in Africa prevent the internal Africa trade with a high level of duties. Subsidies from industrial countries prevent the trade with agriculture goods from Africa. The developed world caused or lighted conflicts and wars in Africa. In former time it was the east west conflict and now it is the war for commodities. More than 8% of the public revenue per country from foreign aid is counterproductive. Foreign aid was allocated under wrong terms and conditions and wrong applications. Furthermore foreign aid supported coups and financed the military spending from the African countries.

The internal and external causes are in conjunction, because domestically events and the development of societies are made with external influence.

Inhaltsverzeichnis

Management Summary ... V

Abbildungsverzeichnis ... XI

Tabellenverzeichnis ... XI

Abkürzungsverzeichnis ... XIII

1 Einleitung ... 1

2 Die Volkswirtschaften Afrikas heute ... 3

2.1 40 Jahre Entwicklungshilfe ... 3

2.2 Afrika zurückgefallen und zerfallen ... 3

3 Interne Ursachen ... 9

3.1 Ethnische Ursachen ... 10

3.1.1 Bevölkerungszusammensetzung ... 10

3.1.2 Kolonialisierung ... 12

3.1.3 Entkolonialisierung ... 14

3.1.4 Religion ... 15

3.2 Konflikte und Kriege ... 16

3.2.1 Kosten der Konflikte ... 17

3.2.2 Ursachen der Konflikte ... 20

3.2.3 Dauer, Finanzierung, Waffenhandel ... 21

3.3 Klima / Infrastruktur / Geografie ... 24

3.3.1 Klima ... 24

3.3.2 Infrastruktur ... 26

3.3.2.1 Elektrizität ... 27

3.3.2.2 Telekommunikation ... 28

3.3.2.3 Transport ... 29

3.3.2.4 Wasserversorgung ... 32

3.3.3 Geografie ... 33

3.4 Ressourcen und deren Einfluss auf Afrikas ... 35

3.4.1 Afrika als Rohstofflieferant der entwickelten Welt ... 36

3.4.2 Holländische Krankheit ... 38

3.4.3 Soziale Wohltaten, Investitionen und Missmanagement ... 39

3.5 Demokratie und Rechtssysteme in den Volkswirtschaften Afrikas ... 41

3.5.1 Staats- und Regierungsformen in Afrika ... 41

3.5.2 Demokratie in Afrika ... 43

3.5.3 Schlechte Regierungsführung und Korruption ... 47

3.5.3.1 Korruption ... 47
3.5.3.2 Schlechte Regierungsführung ... 47
3.5.4 Rechtsysteme und informelle Eigentumsrechte ... 49
3.5.4.1 Rechtssysteme ... 49
3.5.4.2 Informelle Eigentumsrechte ... 50
3.6 Sonstige interne Ursachen ... 53
3.6.1 Bildung und Forschung ... 53
3.6.2 Krankheiten ... 55
3.7 Zwischenfazit ... 57
4 Externe Ursachen ... 59
4.1 Handelspolitik und Handelsbarrieren ... 59
4.1.1 Handelshemmnisse ... 59
4.1.2 Die WTO und ihre Handelsabkommen ... 62
4.1.2.1 GATT ... 63
4.1.2.2 GATS ... 64
4.1.2.3 TRIPS ... 66
4.1.3 COMESA ... 67
4.1.4 Handelspräferenzmodelle ... 68
4.1.5 Agrargütermärkte ... 72
4.1.5.1 Hauptakteure auf den Agrargütermärkten ... 72
4.1.5.2 Subventionen im Agrargütermarkt ... 74
4.1.5.3 Wohlstandsverluste durch die Abschottung des Agrarmarktes ... 80
4.1.6 Fertigungsgütermärkte ... 83
4.1.6.1 Verhinderter Handel zwischen den Ländern Afrikas ... 83
4.1.6.2 Wohlstandsverluste durch die ausbleibende Fertigungsliberalisierung ... 85
4.2 Afrika als Spielball der Industriestaaten ... 86
4.2.1 Ost-West-Konflikt ... 87
4.2.2 Kriege um Rohstoffe ... 87
4.2.3 Die Rolle globaler Institutionen ... 89
4.3 Entwicklungshilfe ... 90
4.3.1 Geschichte und Aufgabe der Entwicklungshilfe ... 90
4.3.2 Motive für die Vergabe von Entwicklungshilfe ... 92
4.3.3 Wirkung der Entwicklungshilfe in Afrika ... 94
4.4 Zwischenfazit ... 98
5 Zusammenfassung ... 101
Literaturverzeichnis ... 105

Abbildungsverzeichnis

Abbildung 1: Armes Afrika, Volkseinkommen 2006 1

Abbildung 2: Africa ethnic groups 1996 10

Abbildung 3: Sprachfamilien Afrikas 11

Abbildung 4: Kolonisation Afrikas um 1914 13

Abbildung 5: Klimazonen in Afrika 24

Abbildung 6: Niederschläge in Afrika 25

Abbildung 7: Telefonanschlüsse und Internetzugänge im weltweiten Vergleich 28

Abbildung 8: Railway Tracks in COMESA 31

Abbildung 9: Pro-Kopf-Einkommen in Dollar auf verschiedenen Demokratie Niveaus 43

Abbildung 10: Kriterien des Status und Management Index 44

Abbildung 11: Handelsgewichtete Zollbelastung 60

Abbildung 12: Durchschnittzölle auf Fertigungsgüter (in Prozent) 61

Abbildung 13: Durchschnittliche Agrarzölle (in Prozent) 61

Abbildung 14: OECD-Anteil am Handel der Entwicklungsländer (in Prozent) 74

Abbildung 15: Produktionssubventionen im Importmarkt 76

Abbildung 16: Auswirkungen einer Exportsubvention 77

Abbildung 17: Veränderte durchschnittliche Weltpreise infolge umfangreicher Beihilfen in OECD-Ländern (in Prozent) 82

Abbildung 18: Zolleinnahmen ausgewählter Länder 1995 (in % des GDP) 84

Abbildung 19: Geschätzte Wohlstands- und Effizienzgewinne infolge einer 40%igen Liberalisierung im Agrar- und Fertigungsbereich 85

Abbildung 20: Verteilter Segen, Entwicklungshilfe 2004, in US$ je Einwohner 94

Abbildung 21: Hilfe und Wachstum in Afrika (gleitender 10-Jahresdurchschnitt).... 96

Tabellenverzeichnis

Tabelle 1: Selected country results for the cost of conflict 18

Tabelle 2: Population that had Access to Electricity in 2003 (in %) 27

Tabelle 3: Water supply coverage in 1990-2004 in SSA 32

Tabelle 4: Sanitation coverage in 1990-2004 in SSA 32

Tabelle 5: Politische Transformation 45

Tabelle 6: Außenhandelsverluste infolge der US Subventionen in ausgewählten Ländern SSA 79

Tabelle 7: Geschätzte Wohlstandsgewinne infolge einer 40%igen Liberalisierung im Agrarbereich 81

Abkürzungsverzeichnis

AGAO	African Growth and Opportunity Act
AIDS	Acquired Immune Deficiency Syndrome
APS	Allgemeines Präferenzsystem
BDP	Botsuana Democratic Party
BTI	Bertelsmann Transformations Index
CIA	Central Intelligence Agency
COMESA	Common Market for Eastern and Southern Africa
EBA	Everything but Arms
EU	Europäische Union
EVI	Economic Vulnerability Index
GATS	General Agreement on Trade in Services
GATT	General Agreement on Tariffs and Trade
GDP	Gross Domestic Product
HAI	Human Assets Index
HDR	Human Development Reports
HIV	Humane Immundefizienz-Virus
ICA	Infrastructure Consortium for Afrika
IWF	Internationaler Währungsfonds
LCD	Least Developed Countries
LLDC	Land Locked Developed Countries
OECD	Organisation for Economic Co-operation and Development
Oxfam	Oxford Committee for Famine Relief
RUF	Revolutionary United Front
SSA	Subsahara Afrika

TI	Transparency International
TRIPS	Agreement on Trade-Related Aspects of Intellectual Property Rights
UN	United Nations
UNCTAD	United Nations Conference on Trade and Development
UNDP	United Nations Development Programme
UNESCO	United Nations Educational, Scientific and Cultural Organization
UNO	United Nations Organization
USA	United States of America
WTO	World Trade Organization
ZAR	Zentralafrikanische Republik

1 Einleitung

Zu Beginn des 21. Jahrhunderts ist Afrika ärmer als am Ende der sechziger Jahre.[1] Dies ist ein Fakt, der die Menschen in der westlichen Welt nicht unberührt lassen darf. Mit dieser Arbeit möchte der Autor folgender Frage nachgehen: „Warum sind die meisten Länder Afrikas nach 40 Jahren Entwicklungshilfe Sanierungsfälle?"

Dabei wird in dieser Arbeit zuerst der Istzustand des Kontinents betrachtet. Anschließend wird weiter ausgeführt, dass diese These sowohl durch interne als auch durch externe Ursachen herbeigeführt wird. Diese Ursachen werden im Einzelnen beleuchtet und mit ihren Auswirkungen detailliert dargelegt. Die Daten mit denen in der Abhandlung gearbeitet wird, sind Sekundärdaten, die von anderen als dem Autor gewonnen wurden.

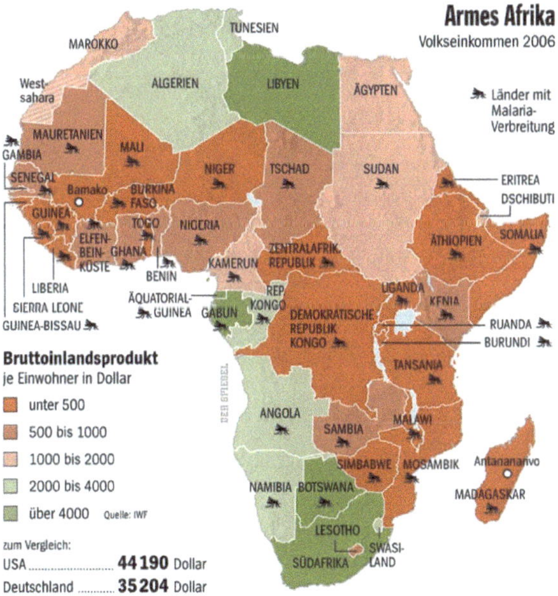

Abbildung 1: Armes Afrika, Volkseinkommen 2006
Quelle: http://www.spiegel.de/politik/ausland/0,1518,grossbild-991373-510917,00.html

---

[1] Vgl. Sachs, 2005, S.234.

2 Die Volkswirtschaften Afrikas heute

2.1 40 Jahre Entwicklungshilfe

Der Westen, die entwickelten Länder dieser Erde, haben in den vergangenen 40 Jahren 2,3 Billionen US$[2] für Entwicklungshilfe ausgegeben. Dabei werden jedes Jahr 100 Mrd. US$[3] im Rahmen der internationalen Entwicklungszusammenarbeit für öffentliche Entwicklungshilfe aufgewendet. Diese Gelder werden von den reichen entwickelten Ländern im Norden an die armen unterentwickelten Länder im Süden transferiert. Ein großer Teil dieser Entwicklungshilfe, 18 Mrd. US$[4] jährlich, flossen nach Afrika. Dabei gab Deutschland im Jahr 2007 als zweitgrößtes Geberland 12 Mrd. US$[5] für die weltweite Entwicklungshilfe aus.

Die Motivationen für diese Kredite und Transferleistungen sind vielfältig. Sie reichen von altruistischer Hilfe bis zur Verfolgung von Eigeninteressen: Erhöhung der Weltwohlfahrt, ökonomische Interessen der Geberländer, politische Interessen der Geberländer, Humanität und religiöse Interessen u.a.[6] Die Entwicklungshilfe im Speziellen mit Ursachen und Auswirkungen wird in Kapitel 4 eingehender beleuchtet.

Trotz dieser enormen Mengen an Kapital sind die Volkswirtschaften Afrikas in den Jahren 1975-2005 nur um 0,70%[7] pro Jahr gewachsen.

2.2 Afrika zurückgefallen und zerfallen

Afrika ist ein Kontinent, auf dem im Jahre 2007 896,6 Mio.[8] Einwohner lebten. Dies entspricht 14,42%[9] der Weltbevölkerung. Die natürliche Grenze zwischen dem Nor-

---

2 Vgl. Easterly, 2006, S.11.

3 Vgl. United Nation Information Service, 2008, S.2.

4 Vgl. Oxfam, 2007, S.3.

5 Vgl. o.V., Wirtschaftswoche, Nr.42, 2008, S.62.

6 Vgl. Lachmann, 1999, S.7ff.

7 Vgl. worldbank, 50 Factoids about Sub Sahara African, 2007, S.1ff.

8 Vgl. worldbank, Little Data Book on Africa, 2007, S.3ff.

9 Vgl. Deutsche Stiftung Weltbevölkerung, 2008, S.1.

den und dem Süden des Kontinentes bildet hierbei die Sahara. In Nordafrika leben 152,9 Mio.[10] der 896,6 Mio. Einwohner Afrikas. Der überwiegende Teil der Bevölkerung, 743,7 Mio.[11] Menschen, lebt südlich der Sahara im so genannten Subsahara Gebiet.

Die Wirtschaftsleistung des Subsahara Gebietes beläuft sich auf 842,9 Mrd. US$[12] oder 1,55%[13] des Welt-GDP (Gross Domestic Product). Die Wirtschaftsleistung Nordafrikas beläuft sich auf 477,64 Mrd. US$[14] oder 0,87%[15] des Welt-GDP. Aufgrund des Verhältnisses von Wirtschaftsleistung und Bevölkerungszahl wird die Zweiteilung Afrikas in Nordafrika und Subsahara Afrika (SSA) schon hier sehr deutlich. Südafrika ist die größte Volkswirtschaft Afrikas mit 160,8 Mrd. US$[16] GDP und Guinea Bissau ist die kleinste Volkswirtschaft mit 213 Mio. US$[17] GDP. Die Seychellen weisen hierbei das höchste GDP pro Kopf mit 6.666 US$[18] aus, während Burundi das niedrigste mit 105 US$[19] in SSA aufweist.

Auch bei den am wenigsten entwickelten Ländern liegt Afrika auf einem traurigen 1. Platz. Weltweit gehören 34 der 50 als Least Developed Countries (LDC) bezeichneten Länder zu SSA.[20] Als Least Developed Countries werden Länder bezeichnet, die besonders entwicklungsbedürftig sind.

LDC werden nach den nachfolgenden Kriterien beschrieben:[21]

- GDP pro Kopf im Dreijahresdurchschnitt von weniger als 750 US$ als Aufnahmekriterium und von über 900 US$ als Ausschlusskriterium.
- Economic Vulnerability Index (EVI) - beschreibt die Verwundbarkeit von Gesellschaften. Er orientiert sich an den Exporten, der Instabilität der Exporterlö-

---

10 Vgl. worldbank, Little Data Book on Africa,2007, S.3ff.
11 Vgl. worldbank, Little Data Book on Africa, 2007, S.3ff.
12 Vgl. worldbank, Gross Domestic Product, 2007, S.1ff.
13 Vgl. worldbank, Gross Domestic Product, 2007, S.1ff.
14 Vgl. worldbank, Gross Domestic Product, 2007, S.1ff.
15 Vgl. worldbank, Gross Domestic Product, 2007, S.1ff.
16 Vgl. worldbank, 50 Factoids about Sub Sahara African, 2007, S.1ff.
17 Vgl. worldbank, 50 Factoids about Sub Sahara African, 2007, S.1ff.
18 Vgl. worldbank, 50 Factoids about Sub Sahara African, 2007, S.1ff.
19 Vgl. worldbank, 50 Factoids about Sub Sahara African, 2007, S.1ff.
20 Vgl. http://un.org/special-rep/ohrlls/ldc/list.htm.
21 Vgl. http://www.un.org/special-rep/ohrlls/ldc/ldc%20criteria.htm.

se, der Agrarproduktion und dem Anteil von verarbeitender Industrie und Dienstleistungen am GDP.

- Human Assets Index (HAI) - liefert Aussagen über soziale Merkmale wie Gesundheit und Bildung. Er macht Angaben zum Kalorienverbrauch pro Kopf in Prozent des Minimalbedarfs, zur Kindersterblichkeitsrate, zur Alphabetisierungsrate unter Erwachsenen und zur Einschulungsrate in Sekundarschulen.
- Eine Einwohnerzahl von maximal 75 Mio. Menschen.

Derzeit gibt es 50 Länder auf der Erde, die als LDC von der UNO eingestuft werden.[22]

In den Jahren 1975-2005 ist das GDP Afrikas um 0,70%[23] pro Jahr gewachsen. Das höchste Wachstum wurde jedoch in den Jahren 1995-2005 mit 1,88%[24] erreicht. Dabei lag das Wachstum in Expansionsphasen bei 3,6%[25], die Kontraktion der Wirtschaftsleistung lag aber in Abschwungphasen bei -2,7%[26]. Dies erklärt die relativ niedrige Wachstumsrate der Volkswirtschaften Afrikas. In Nigeria leben 70,8% bzw. 92,4%[27] der Bevölkerung von weniger als 1 US$ bzw.2 US$ pro Tag und dies trotz des Ölreichtums des Landes. In Südafrika, der stärksten Volkswirtschaft des Kontinents hingegen, leben 10,7% bzw. 34,1%[28] der Bevölkerung von weniger als 1 US$ bzw. 2 US$ pro Tag.

Die höchste Lebenserwartung in Afrika haben die Menschen in Mauritius mit 73[29] Jahren. Dem gegenüber erwartet die Menschen in Botswana eine durchschnittliche Lebensdauer von gerade einmal 35[30] Jahren. Die größten Fortschritte innerhalb der letzten Dekade machten dabei Ruanda und Uganda mit 12 und 7 Jahren Erhöhung der

---

22 Vgl. http://un.org/special-rep/ohrlls/ldc/list.htm.
23 Vgl. worldbank, 50 Factoids about Sub Sahara African, 2007, S.1ff.
24 Vgl. worldbank, 50 Factoids about Sub Sahara African, 2007, S.1ff.
25 Vgl. worldbank, 50 Factoids about Sub Sahara African, 2007, S.1ff.
26 Vgl. worldbank, 50 Factoids about Sub Sahara African, 2007, S.1ff.
27 Vgl. UNDP, Human Development Reports, 2007, S.1ff.
28 Vgl. UNDP, Human Development Reports, 2007, S.1ff.
29 Vgl. worldbank, 50 Factoids about Sub Sahara African, 2007, S.1ff.
30 Vgl. worldbank, 50 Factoids about Sub Sahara African, 2007, S.1ff.

durchschnittlichen Lebensdauer. Den größten Rückschritt erlitten Botswana und Lesotho mit 21 bzw. 17 Jahren Rückgang. Die Kindersterblichkeit pro 1.000 Geburten liegt auf den Seychellen bei 12 Kindern (1,2%) und in Sierra Leone bei 165 Kindern (16,5%).[31] Die Sterblichkeitsrate der Mütter bei der Geburt liegt auf Mauritius bei 24 pro 100.000 Geburten (0,024%) während in Sierra Leone 2 Mütter pro 100 Geburten sterben (2%).[32] In Burundi leiden 45,1%[33] der Kinder unter 5 Jahren an Unterernährung. Die Kindersterblichkeit bei Kleinkindern bis zu 5 Jahren liegt in Sierra Leone bei 282 von 1.000 Kindern (28,2%).[34] Auf den Seychellen liegt diese bei 13 pro 1.000 Kindern (1,3%).[35] In Afrika sterben jährlich 2,7Mio[36] Menschen an Malaria. Die Humane Immundefizienz Virus (HIV) Infektionsrate ist mit 33,4% der Bevölkerung im Alter zwischen 15-49 Jahren im Swasiland am höchsten.[37] In Mauretanien liegt diese mit 0,6% am niedrigsten.[38] Jeden Tag sterben in Afrika 2.000 Kinder unter 5 Jahren an Durchfallerkrankungen.[39]

Bei der Alphabetisierung der erwachsenen Bevölkerung weisen die Länder Mali und Burkina Faso eine Rate von 24% auf, während die Seychellen mit einer Rate von 92% aufwarten können.[40] Bei der Alphabetisierung der jungen Menschen zwischen 15-24 Jahren liegen die Seychellen mit 99,1%[41] vorn, im Vergleich zu Burkina Faso mit 33%[42] der jungen Menschen als Schlusslicht. Bei der Alphabetisierung der Frauen liegen auch hier wieder die Seychellen mit 92% vorn, während nur 13% der erwachsenen Frauen im Tschad lesen und schreiben können.[43] Auf Mauritius werden für einen Lehrer Kinder 22 gezählt, während in Äthiopien ein Lehrer für 72 Kinder

---

31 Vgl. UNDP, Human Development Reports, 2007, S.1ff.
32 Vgl. worldbank, 50 Factoids about Sub Sahara African, 2007, S.1ff.
33 Vgl. worldbank, 50 Factoids about Sub Sahara African, 2007, S.1ff.
34 Vgl. worldbank, 50 Factoids about Sub Sahara African, 2007, S.1ff.
35 Vgl. worldbank, 50 Factoids about Sub Sahara African, 2007, S.1ff.
36 Vgl. Sachs, 2005, S.243.
37 Vgl. worldbank, 50 Factoids about Sub Sahara African, 2007, S.1ff.
38 Vgl. worldbank, 50 Factoids about Sub Sahara African, 2007, S.1ff.
39 Vgl. ICA, 2007, S.14.
40 Vgl. worldbank, 50 Factoids about Sub Sahara African, 2007, S.1ff.
41 Vgl. UNDP, Human Development Reports, 2007, S.1ff.
42 Vgl. UNDP, Human Development Reports, 2007, S.1ff.
43 Vgl. worldbank, 50 Factoids about Sub Sahara African, 2007, S.1ff.

zuständig ist.[44] Die höchste Rate der Einschulung in die Grundschule weisen die Seychellen mit 99%[45] auf. Djibuti hingegen bildet das Schlusslicht in Afrika mit 33,3%[46]. Die Seychellen weisen mit 97%[47] die höchste Einschulung in die Sekundarstufe auf, während Mosambik die kleinste Rate mit 7%[48] aufweißt.

Das Land mit der größten Bevölkerung in 2005 ist Nigeria mit 141,4 Mio.[49] Einwohnern. Die Seychellen sind das bevölkerungstechnisch kleinste Land mit 0,1 Mio.[50] Einwohnern. Die höchsten Wachstumsraten der Bevölkerung zwischen 1975-2005 wiesen mit 3,5%[51] Gambia und die Elfenbeinküste auf. Auf den Seychellen wurden die geringsten Zuwächse der Bevölkerung mit 0,1%[52] gemessen.

Die oben genannten Fakten weisen Afrika und speziell SSA als einen sehr rückschrittlichen Lebensraum für die Bevölkerung aus. Die dort beheimateten Volkswirtschaften gehören zum Großteil zu den LDC. Und dies, obwohl wie unter 2.1 genannt, jährlich 18 Mrd. US$ Entwicklungshilfe geflossen sind. Welche Ursachen sind für die Unterentwicklung dieser Volkswirtschaften in Afrika verantwortlich? Dieser Frage wird sich im Anschluss gewidmet. Der Schwerpunkt der Untersuchung wird sich aufgrund der oben genannten Fakten hauptsächlich auf die Region südlich der Sahara richten. Dabei muss in interne und externe Ursachen unterschieden werden, denn Afrika ist nicht mehr länger nur als Opfer, sondern auch als Täter zu betrachten, wie nachfolgend deutlich werden wird.

---

[44] Vgl. worldbank, 50 Factoids about Sub Sahara African, 2007, S.1ff.
[45] Vgl. UNDP, Human Development Reports, 2007, S.1ff.
[46] Vgl. UNDP, Human Development Reports, 2007, S.1ff.
[47] Vgl. UNDP, Human Development Reports, 2007, S.1ff.
[48] Vgl. UNDP, Human Development Reports, 2007, S.1ff.
[49] Vgl. UNDP, Human Development Reports, 2007, S.1ff.
[50] Vgl. UNDP, Human Development Reports, 2007, S.1ff.
[51] Vgl. UNDP, Human Development Reports, 2007, S.1ff.
[52] Vgl. UNDP, Human Development Reports, 2007, S.1ff.

3 Interne Ursachen

Zu Beginn werden in dieser Arbeit die internen Ursachen für den Istzustand des Kontinents untersucht. Dabei werden ethnische Ursachen, Konflikte und Kriege, Klima/Infrastruktur/ Geografie, der Einfluss von Ressourcen, demokratischen Verhältnisse und Rechtssysteme, sowie Bildung und Krankheiten als die wichtigsten Einflussfaktoren untersucht.

3.1 Ethnische Ursachen

3.1.1 Bevölkerungszusammensetzung

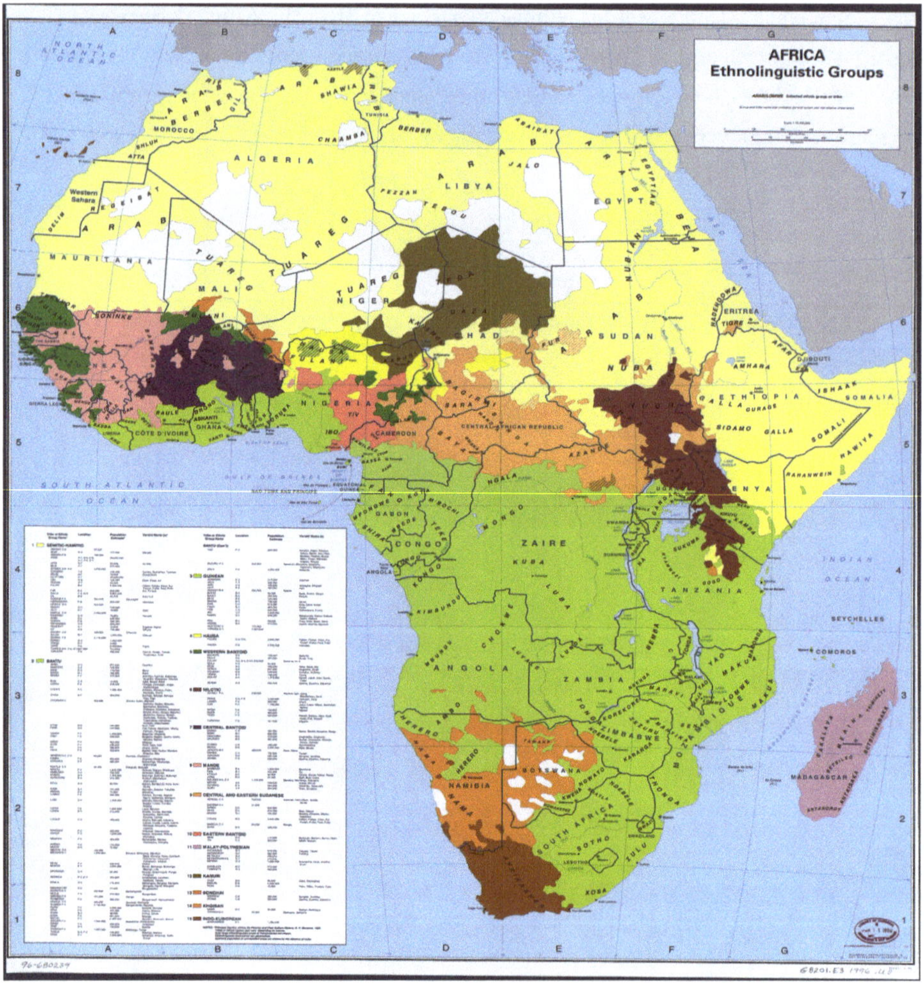

Abbildung 2: Africa ethnic groups 1996

Quelle: United States, Central Intelligence Agency [1996]

Auf dem afrikanischen Kontinent leben derzeit 15 große Volksgruppen. Die größte Volksgruppe bilden dabei die Bantuvölker. Diese Völker verteilen sich von Liberia

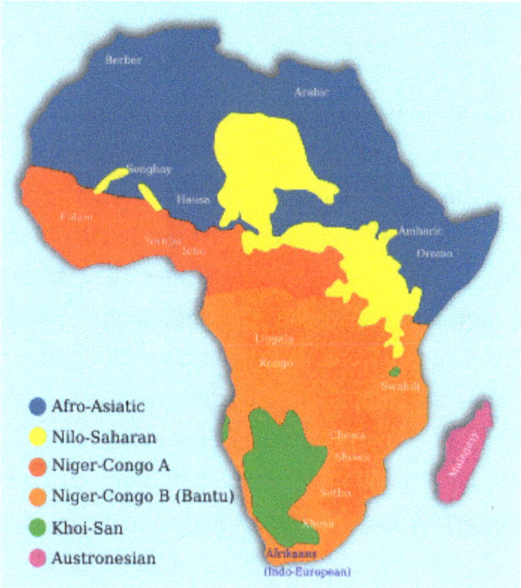

im Westen des Kontinents bis nach Kenia im Osten und bis nach Südafrika im Süden. Unter den Bantuvölkern gibt es jedoch noch Untergruppen und Volksbezeichnungen. Wie in Abbildung 2 zu erkennen ist, verlaufen die Grenzen der einzelnen Staaten Afrikas nicht entsprechend ihrer ethnischen Zusammensetzung, sondern verlaufen quer durch verschiedene Volksgruppen, zum Beispiel die Masai, die in Kenia und Tansania beheimatet sind.

Abbildung 3: Sprachfamilien Afrikas
Quelle: http://commons.wikimedia.org/wiki/File:African_language_families.png

Des Weiteren gibt es neben den Kolonialsprachen in Afrika noch 6 große Sprachfamilien. Diese Sprachfamilien decken sich weitestgehend mit den Zusammensetzungen der ethnischen Volksgruppen in den jeweiligen Territorien. So werden in Kenia 61 Sprachen gesprochen, teils nur mit wenigen hundert, teils mit mehreren Millionen Sprechern.[53]

Die meisten Staaten Afrikas sind demzufolge Vielvölkerstaaten mit teilweise verschiedenen Sprachen innerhalb des Hoheitsgebietes. Die Zusammensetzung der Bevölkerung aus verschiedenen Volksgruppen birgt Konfliktpotenzial und behindert die Bildung eines Nationalgefühls. Dies wird später in Kapitel 3.2 näher erläutert.

Wie kommt diese scheinbar willkürliche Grenzziehung zustande? Eine Antwort hierauf gibt die Kolonialisierung und die im letzten Jahrhundert stattgefundene Entkolonialisierung des Kontinents.

53 Vgl. http://www.inwent.org/v-ez/lis/kenia/seite4.htm.

3.1.2 Kolonialisierung

Die Kolonialisierung des Kontinents durch Europäer wurde schon im 13. Jahrhundert mit dem 6. Kreuzzug gegen Ägypten begonnen. Im 15. Jahrhundert wurde die Westküste von den Portugiesen erforscht und im 16. Jahrhundert errichteten die Portugiesen und Spanier erste Stützpunkte ein. [54] Vom 16.-18. Jahrhundert diente Afrika als Lieferant von Sklaven für die Kolonien der Europäer.[55] Das Verbot des Sklavenhandels im Jahre 1807 hatte eine humanitäre imperialistische Ära eingeläutet.[56] Bis in das 18. Jahrhundert hinein war das Innerste des Kontinents nicht erforscht. Erst im 19. Jahrhundert wurde der Kontinent unter den europäischen Mächten aufgeteilt. Dies geschah auf der Berliner Konferenz 1884/85.[57] Bis 1912 war fast der gesamte Kontinent kolonialisiert. Unabhängig blieben nur Liberia und Äthiopien. Die Grenzen der Kolonisation waren damals von den Europäern unter Missachtung aller geografischen und ethnischen Realitäten, oft mit dem Lineal gezogen worden.[58] Die Willkürlichkeit der Grenzziehung wird besonders deutlich am Beispiel des Kongo (heute Demokratische Republik Kongo). So hatte der belgische König Leopold II. durch geschickte Schachzüge erwirkt, dass ihm das riesige Kongogebiet als höchstpersönlichen Besitz, als privates Eigentum ausgehändigt wurde, für das er niemanden Rechenschaft schuldet.[59] Kein Afrikaner wurde befragt. Von dem Entdecker Stanley, der im Auftrag Leopold II. agierte, war lediglich erwartet worden, dass er die fragwürdige Zustimmung von 450 Stammeshäuptlingen, die weder lesen noch schreiben konnten, in irgendeiner Form beibrachte.[60] Auch um den Zugang zum Atlantik war gefeilscht worden. Weder die Portugiesen noch die Franzosen gönnten Leopold den Zugriff auf das Mündungsgebiet.[61] Bismarck gab den Zuschlag zugunsten des belgischen Monarchen.[62]

---

54 Vgl. Lexikon Duden Band 1, 1996, S.62ff.

55 Vgl. Lexikon Duden Band 1, 1996, S.62ff.

56 Vgl. Easterly, 2006, S.251.

57 Vgl. Scholl-Latour, 2001, S.311.

58 Vgl. Scholl-Latour, 2001, S.311.

59 Vgl. Scholl-Latour, 2001, S.29.

60 Vgl. Scholl-Latour, 2001, S.311.

61 Vgl. Scholl-Latour, 2001, S.311.

62 Vgl. Scholl-Latour, 2001, S.311.

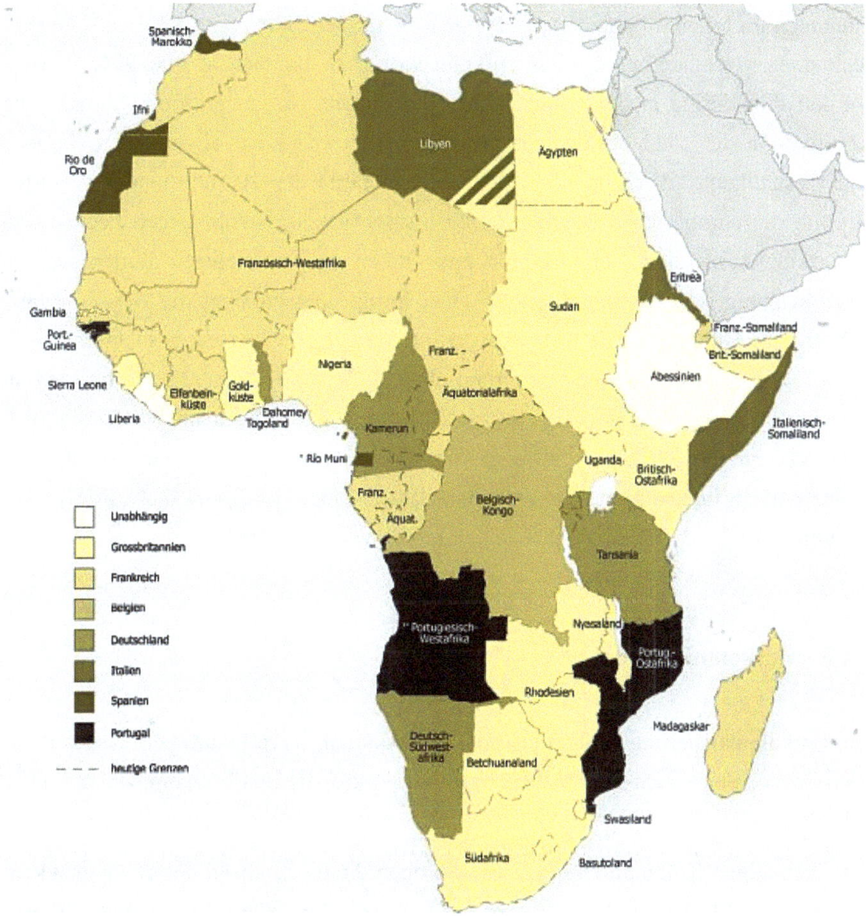

Abbildung 4: Kolonisation Afrikas um 1914
Quelle: http://www.geolinde.musin.de/afrika/html/t_afrkolonialismus.htm

In der Regel werden die Schattenseiten des Kolonialismus allein der Ausbeutung der Kolonien durch die westlichen Kolonialmächte zugeschrieben.[63] Dies trifft besonders auf den Kongo zu, den der belgische König Leopold von 1877-1908 ausschlachtete.[64] Es wurden jedoch während der Kolonialzeit auch einige Fortschritte erzielt. So bauten die Franzosen die erste Eisenbahn im Senegal. Spätere Strecken verbanden die

63 Vgl. Easterly, 2006, S.251.
64 Vgl. Easterly, 2006, S.260.

Plantagen im Inneren Französisch-Westafrikas mit den Häfen an der Küste.[65] Die Eisenbahnen verminderten die hohen Transportkosten um beachtliche 90%.[66] Auch wurden Fortschritte in der Gesundheitspolitik erzielt. So lancierte der französische Kolonialminister 1923 ein Programm „Zur Verbesserung der allgemeinen Hygiene und Gesundheitsversorgung". [67] In der ersten Hälfte des 20. Jahrhunderts wurden mithilfe der europäischen Medizin große Fortschritte im Kampf gegen Pocken und Schlafkrankheit erzielt.[68] Die Entbindungskliniken der Kolonialisten führten auch zu einer Senkung der Säuglingssterblichkeit.[69] Infolge dessen stieg die Bevölkerungszahl an. Die Bildung wurde weit weniger forciert. Von 1949-1950 besuchten in Belgisch Kongo 33% der Kinder eine Grundschule, in Kenia 26%, in Nigeria 16% und in Französisch Westafrika nur 6%.[70] Weiterführende Schulen besuchten 1950 lediglich 1-2% der jungen Afrikaner.[71] Das Wirtschaftswachstum Afrikas war jedoch, trotz dieser Fortschritte, während der Kolonialzeit nicht hoch. Es betrug 0,6% in den Jahren von 1870-1913 und dann 0,9% in den Jahren von 1913-1950.[72]

3.1.3 Entkolonialisierung

Die Entkolonialisierung begann in den 1950er-Jahren.[73] 1960 wurde ein Großteil der französischen Kolonien unabhängig.[74] Als letzte europäische Besetzung wurde Djibuti 1977 unabhängig.[75]

Die ehemaligen Kolonialherren legten von oben die die Grenzen der dekolonisierten Gebiete fest.[76] Dabei berücksichtigten die Europäer die einheimischen Wünsche we-

---

65 Vgl. Easterly, 2006, S.253.
66 Vgl. Easterly, 2006, S.253.
67 Vgl. Easterly, 2006, S.254.
68 Vgl. Easterly, 2006, S.254.
69 Vgl. Easterly, 2006, S.254.
70 Vgl. Easterly, 2006, S.254.
71 Vgl. Easterly, 2006, S.254.
72 Vgl. Easterly, 2006, S.257.
73 Vgl. Lexikon Duden Band 1, 1996, S.64.
74 Vgl. Lexikon Duden Band 1, 1996, S.64.
75 Vgl. Lexikon Duden Band 1, 1996, S.64.
76 Vgl. Easterly, 2006, S.264.

nig und behielten gern die kolonialen Grenzen bei, selbst wenn diese häufig eine neuere Erfindung waren.[77] Dabei entstanden mehrere Probleme. Die ehemaligen Kolonialmächte vergaben Land an eine Gruppe, auf das eine andere Gruppe ihrer Ansicht nach Anspruch hatte.[78] Des Weiteren wurden Grenzlinien gezogen, die ethnische Gruppen über mehrere Nationen zwei- oder mehrmals unterteilt.[79] Dies kann zu ethnischen Minderheiten in einer Nation führen. Das folgenschwerste Problem ist jedoch, die Zusammenfassung von zwei oder mehreren Gruppen in einer Nation, die einander traditionell feindselig gegenüberstehen.[80] Ein aktuelles Beispiel bildet hier Kenia, dessen Regierungsbildung im vergangenen Jahr mehrmals aufgrund ethnischer Konflikte fehlschlug. Ein anderes trauriges Beispiel ist der Sudan, in dessen Norden mehrheitlich moslemische Arab und Nuba leben, und im Süden christliche Nilotischen Stämme und Dinka.

Welche Auswirkungen hat die künstliche Grenzziehung auf die Staaten?

Durch die künstliche Grenzziehung der Entkolonialisierung haben die meisten Staaten Afrikas kein Nationalgefühl. Ehemalige Kolonien mit einem hohen Anteil gespaltener Völker hinken heute hinterher, was Demokratie, staatliche Leistungen, Rechstaatlichkeit und Korruption angeht. Mehrfach gespaltene Länder haben eine höhere Säuglingssterblichkeit, mehr Analphabeten und weniger konkrete öffentliche Dienste wie etwa die Impfung gegen Masern und Diphterie–Pertussis-Tetanus.[81] Zusammenfassend kann gesagt werden, dass die Entkolonialisierung durch die europäischen Kolonialherren aus Sicht der betroffenen afrikanischen Völker fehlgeschlagen ist und keinen Stimulus für Wachstum und Wohlstand darstellt.

3.1.4 Religion

„In Afrika existieren neben den traditionellen afrikanischen Religionen zwei große religiöse Gemeinschaften: der Islam und das Christentum. Hinzu kommen andere

---

[77] Vgl. Easterly, 2006, S.264.
[78] Vgl. Easterly, 2006, S.266.
[79] Vgl. Easterly, 2006, S.266.
[80] Vgl. Easterly, 2006, S.266.
[81] Vgl. Easterly, 2006, S.266.

Weltreligionen wie der Hinduismus, Sikhismus und das Judentum, welche aber im Verhältnis zu den eingangs genannten Glaubensrichtungen eine untergeordnete Rolle spielen. Der Islam ist in Nord- und in Westafrika sowie in den Küstenregionen Ostafrikas besonders stark verbreitet, während das Christentum vorrangig im südlichen Afrika, im Landesinneren Ostafrikas, in Zentralafrika und an der Küste Westafrikas zu finden ist. Die verschiedenen traditionellen afrikanischen Religionen werden bis auf Nordafrika auf dem ganzen Kontinent, oft auch parallel zum Christentum und zum Islam, praktiziert und spiegeln die kulturelle Vielfalt der etwa 2.000 Gesellschaften Afrikas wider. Religiosität nimmt im Leben der Afrikanerinnen und Afrikaner einen zentralen Platz ein und durchdringt alle Lebensbereiche."[82]

Es gibt derzeit keine Anhaltspunkte in der wissenschaftlichen Forschung, die darauf hinweisen, dass Religion eine direkte Ursache für Konflikte und Kriege darstellt.

3.2 Konflikte und Kriege

Kriege sind in Afrika leider Bestandteil der Tagesordnung. In Afrika südlich der Sahara wurden von 1945-1997 insgesamt 52 Kriege geführt, davon nur 4 vor 1960.[83] Bis zu diesem Jahr standen fast alle der heutigen Staaten unter europäischer Kolonialherrschaft, sind also im Vergleich zu Ländern aller anderen Weltregionen relativ jung. Dabei wurden bei der Entlassung in die Unabhängigkeit in aller Regel koloniale Grenzziehungen übernommen und vorkoloniale, geografische oder ethnische Zugehörigkeiten blieben bei den jeweiligen Staatsgründungen unberücksichtigt (siehe Kapitel 3.1.3). Gab es in Afrika südlich der Sahara vor 1960 nur wenig Kriege, so ist es in der Folgezeit im Wechsel mit Asien die Weltregion, in der jährlich die meisten Kriege geführt wurden.[84] Im Vergleich der Weltregionen weist Afrika nur eine geringe Anzahl zwischenstaatlicher Kriege auf. [85] Diese Beobachtung verliert auch dann nicht ihre Gültigkeit, wenn man die komplexen Kriege mit in Betracht zieht, die so-

---

[82] Vgl. Belinga Belinga, 2005, S.1.
[83] Vgl. Schreiber, 2005, S.1.
[84] Vgl. Schreiber, 2005, S.1.
[85] Vgl. Schreiber, 2005, S.1.

wohl innerstaatlich wie zwischenstaatlich geführt wurden. Mit etwa 20%[86] ist auch der Anteil an Kriegen, die eine Sezession oder größere Autonomie zum Gegenstand hatten, vergleichsweise gering. Auf den ersten Blick ebenfalls erstaunlich, ist die geringe Zahl von 6 Kriegen, die für eine Dekolonisation begonnen wurden.[87] Hiervon entfällt wiederum die Hälfte auf die erst in den 1960er Jahren in den portugiesischen Kolonien begonnenen Kriege.[88] Dagegen bilden Antiregime-Kriege, die den Sturz der Regierung zum Ziel haben, mit etwa 40 Prozent zahlenmäßig den bedeutendsten Kriegstyp.[89] Mit rund einem Drittel gibt es aber auch einen relativ hohen Anteil an Mischtypen .[90] 73% der Menschen in den Ländern der untersten Milliarde der Weltbevölkerung haben in jüngster Zeit einen Bürgerkrieg erlebt oder sind aktuell in einen verstrickt.[91]

„Besonders lange dauerten die Kriege in Äthiopien (um die Unabhängigkeit Eritreas und in der Folge auch anderer Landesteile), in Angola, Mosambik und Namibia, im Süden des Sudan und im Tschad. Insbesondere das Kriegsgeschehen in Angola macht die Veränderung oder die unterschiedliche Interpretation von Konflikthintergründen deutlich: Begann der Krieg 1961 als Kampf gegen die portugiesische Kolonialherrschaft, so wurde er nach der Erlangung der Unabhängigkeit 1975 im Rahmen des Ost-West-Konflikts interpretiert, um in den 1990er Jahren zum typischen Krieg um Rohstoffe (Diamanten, Erdöl) zu werden. Dabei blieben die Hauptakteure im Wesentlichen gleich.“[92]

3.2.1 Kosten der Konflikte

Oxfam untersuchte Konflikte in Afrika zwischen 1990-2005. 23 von 52 Staaten Afrikas waren darin verwickelt.[93] Diese Kriege haben in der Zeit von 1990-2005 Kosten

---

86 Vgl. Schreiber, 2005, S.1.
87 Vgl. Schreiber, 2005, S.1.
88 Vgl. Schreiber, 2005, S.1.
89 Vgl. Schreiber, 2005, S.1.
90 Vgl. Schreiber, 2005, S.1.
91 Vgl. Collier, 2008, S.33.
92 Vgl. Schreiber, 2005, S1.
93 Vgl. Oxfam, 2007, S.3.

in Höhe von rund 300 Mrd. US$[94] verursacht. Dem Kontinent entstanden so jährlich 18 Mrd. US$[95] an indirekten und direkten Kosten. Dies entspricht in etwa der jährlichen Entwicklungshilfe für Afrika.[96] Der Verlust des GDP betrug bei diesen Konflikten 15% jährlich.[97]

Andere Schätzungen von Stewart und Fitzgerald, die 9 Konflikte zwischen 1970-1995 untersucht haben, gehen von 10,5%[98] Wachstumseinbußen aus. Paul Collier, der zusammen mit Anke Höffler die Kosten eines Bürgerkrieges untersucht hat, geht von einer jährlichen Schrumpfung von 2,3% des GDP aus.[99] Dies entspricht - nach der durchschnittlichen Dauer eines Bürgerkrieges von 15 Jahren - einem Rückgang von 15%.[100]

Country	Conflict years	Number of years	Projected growth*	Actual growth*	Loss as % of GDP**	GDP loss ($bn)
Burundi	1993–2005	13	5.5%	-1.1%	37%	5.7
Rwanda	1990–2001	12	4.5%	2.8%	32%	8.4
DRC	1996–2005	10	5.4%	0.10%	29%	18
Eritrea	1998-2000	3	4.8%	-3.8%	11%	0.28
Republic of Congo	1997–99	3	3.3%	0.03%	7.1%	0.70
South Africa	1990-96	7	1.2%	1.2%	2.7%	22

* Average of annual growth during war years.
** Average of annual loss as percentage of predicted GDP.

Tabelle 1: Selected country results for the cost of conflict
Quelle: Oxfam, Africa's missing billions [2007], S.10

94 Vgl. Oxfam, 2007, S.3.
95 Vgl. Oxfam, 2007, S.3.
96 Vgl. Oxfam, 2007, S.3.
97 Vgl. Oxfam, 2007, S.9.
98 Vgl. Oxfam, 2007, S.10.
99 Vgl. Collier, 2008, S.46.
100 Vgl. Collier, 2008, S.46.

Ein typischer Bürgerkrieg kostet nach Collier und Höffler 64 Mrd. US$[101]. „Einen Großteil dieser Kosten müssen die Nachbarländer tragen. Krankheiten machen nicht an Landesgrenzen halt und auch der wirtschaftliche Kollaps ist grenzübergreifend. Da die meisten Länder an mehrere Nachbarstaaten angrenzen, sind die Gesamtkosten, die diese Nachbarn zu tragen haben, nicht selten höher als die Kosten, die das vom Krieg betroffene Land selbst zu tragen hat." [102]

Die Folgen für die Bevölkerung in den beteiligten Ländern sind besorgniserregend:

- 50% mehr Kindersterblichkeit,
- 15% mehr unterernährte Menschen,
- eine reduzierte Lebenserwartung um 5 Jahre,
- 20% mehr Analphabeten,
- 2,5 mal weniger Ärzte für die Patienten,
- 12,4% weniger Nahrungsmittel für die Bevölkerung. [103]

Die meisten Menschen, die in einem Bürgerkrieg sterben, und es sind hauptsächlich diese, wie oben beschrieben, sterben aber nicht im Kampfgeschehen, sondern erliegen Krankheiten. Kriege verursachen Flüchtlingsströme. Und im Gefolge großer Bevölkerungsbewegungen kommt es zu Epidemien, wenn das öffentliche Gesundheitssystem zusammengebrochen ist. [104] „Die bürgerkriegsbedingten Flüchtlingsströme führten zu einem starken Anstieg von Krankheiten in den Ländern, wo die Flüchtlinge Zuflucht fanden. Die Zahl der Erkrankten übersteigt bei Weitem die der Flüchtlinge." [105]

Die ökonomischen Kosten und die anderen Schäden sind jedoch mit dem Ende des Konfliktes nicht beseitigt. Etwa die Hälfte der Kosten eines Bürgerkrieges fallen erst

---

101 Vgl. Collier, 2008, S.51.
102 Vgl. Collier, 2008, S.50.
103 Vgl. Oxfam, 2007, S.6.
104 Vgl. Collier, 2008, S.46.
105 Vgl. Collier, 2008, S.46.

an, wenn der Krieg vorbei ist.[106] Welche Ursachen haben diese verheerenden Konflikte?

3.2.2 Ursachen der Konflikte

Wie oben schon angeführt, sind die meisten Kriege Bürgerkriege oder Mischkriege. Nur 20% hatten die Autonomie zum Ziel. Collier und Höffler definieren einen Bürgerkrieg als einen inneren Konflikt mit einem Minimum von 1.000[107] Todesopfern, von denen jeweils mindestens 5%[108] auf das Konto einer der beiden Konfliktparteien geht.

Warum ist der Anteil der Bürgerkriege so hoch und welche Ursachen hat er?

So gehen Collier und Höffler von mehreren Hauptursachen aus:

1. Die Wahrscheinlichkeit eines Bürgerkrieges ist in Ländern mit niedrigem Pro Kopf Einkommen sehr viel höher. Geht das Pro-Kopf-Einkommen eines Landes um die Hälfte zurück, steigt sein Bürgerkriegsrisiko auf das Doppelte.[109] Der Krieg nährt den Krieg.
2. Geringes Wachstum, wirtschaftliche Stagnation oder rückläufiges Wachstum erhöhen die Wahrscheinlichkeit eines Bürgerkrieges. In einem typischen Land mit niedrigem Einkommen beträgt das Bürgerkriegsrisiko über einen Zeitraum von 5 Jahren betrachtet rund 14%.[110] Jeder Prozentpunkt mehr Wachstum verringert das Risiko um einen Prozentpunkt.[111] Dieser Mechanismus wirkt aber auch in die andere Richtung. Wirtschaftswachstum und Pro-Kopf-Einkommen stehen so in Interaktion zueinander.

---

106 Vgl. Collier, 2008, S.46.
107 Vgl. Collier, 2008, S.34.
108 Vgl. Collier, 2008, S.34.
109 Vgl. Collier, 2008, S.36.
110 Vgl. Collier, 2008, S.36.
111 Vgl. Collier, 2008, S.36.

3. Die Abhängigkeit eines Landes von Rohstoffexporten erhöht das Bürgerkriegsrisiko erheblich.[112]
4. Ethnische Unterschiede innerhalb einer Nation sollen keine Rolle spielen. Es gibt eine Ausnahme. Gesellschaften mit einer ethnischen Gruppe, die neben anderen, zahlenmäßig ebenfalls starken Gruppen die Bevölkerungsmehrheit bildet sind stärker gefährdet.[113] Aktuelle Beispiele bilden hier Ruanda und Burundi, wo Hutu und Tutsi nebeneinander leben und in zahlreiche Konflikte verwickelt sind. Den traurigen Höhepunkt bildet der Völkermord von 1994 in Ruanda. In Ruanda und Burundi steht die massive Überzahl von 85% Hutu, zur afrikanischen Völkerfamilie der Bantu gehörend, einer elitären Minderheit von knapp 14% Tutsi gegenüber.[114] Die Tutsi werden der weit verstreuten Familie hamitischer, nilotischer oder äthiopischer Hirtenvölker zugerechnet.[115]

Wie jedoch oben in Kapitel 3.1.3 erwähnt, hat auch die Grenzziehung der Europäer bei der Entkolonialisierung einen Einfluss auf Konflikte. So sind die Kriege mit Autonomiebestrebungen auf dieser willkürlichen Grenzziehung zurückzuführen (Beispiel Eritrea). Der Konflikt im Sudan ist ein eindeutiger Beweis, dass verschiedene Ethnien in einem Staatsgebilde ein Konfliktpotenzial beherbergen. Ergänzend zu diesem Konflikt muss allerdings der Zugriff auf die Ölquellen des Südens als Hauptargument für den bewaffneten Konflikt genannt werden.[116]

3.2.3 Dauer, Finanzierung, Waffenhandel

Die Dauer eines Konfliktes ist abhängig von seiner Art. Ein Krieg zwischen 2 Ländern dauert im Durchschnitt nur 2[117] Monate. Die Dauer eines Krieges um die Deko-

112 Vgl. Collier, 2008, S.38.
113 Vgl. Collier, 2008, S.43.
114 Vgl. Scholl-Latour, 2001, S.67.
115 Vgl. Scholl-Latour, 2001, S.67.
116 Vgl. Anmerkung des Verfassers aus Recherchen zum Thema Ölvorkommen 2006.
117 Vgl. Collier, 2008, S.45.

lonisierung betrug 8,8[118] Jahre. Die durchschnittliche Dauer eines Bürgerkrieges hingegen beträgt in Afrika 15[119] Jahre. Dies hat verschiedene Ursachen:

- Je niedriger das Einkommen eines Landes bei Ausbruch eines Bürgerkrieges war, desto länger dauerte dieser Krieg.[120]
- Je höher der Wert wichtiger Exportgüter stieg, desto länger dauerte der Bürgerkrieg.[121]
- Ein Bürgerkrieg erhöht die Wahrscheinlichkeit eines Rückfalles um nahezu das Doppelte.[122] Nur rund die Hälfte der Länder, die einen Bürgerkrieg hinter sich haben, schaffen es, zehn Jahre ohne einen neuen Krieg zu überstehen.[123]

Die Ursachen für die Dauer erklären auch gleichzeitig die Finanzierungsquellen. So dienen die Rohstoffe eines Landes als Finanzierungsquelle zumindest einer Bürgerkriegspartei. Des Weiteren sind sich die Regierungen von Staaten, die gerade einen Bürgerkrieg überstanden haben, der oben genannten Gefahr bewusst. Deshalb halten sie ihre Rüstungsausgaben auf einem abnorm hohen Niveau. Ein Bürgerkrieg lässt das Militärbudget eines Landes fast auf das Doppelte steigen.[124] Die Rüstungsausgaben in dem Jahrzehnt nach dem Krieg sind nur etwa ein Zehntel niedriger als während des Krieges.[125] Auch spielt die Finanzierung durch die Diaspora eine große Rolle. Die am besten organisierte Diaspora-Bewegung überhaupt war die Eritreische Volksbefreiungsfront.[126] Dreißig Jahre lang finanzierte die Diaspora den Krieg gegen Äthiopien, der 1992 gewonnen wurde.[127]

Der Missbrauch Afrikas als Spielball der Industriestaaten wird in Kapitel 4.2 als Finanzierungsquelle detailliert erläutert.

Oxfam untersuchte Art und Herkunft der in Afrikas Konflikten benutzten leichten Handfeuerwaffen. Die am meisten benutzte Waffe ist mit Abstand die Kalaschnikow

---

118 Vgl. Schreiber, 2005, S1.
119 Vgl. Collier, 2008, S.46.
120 Vgl. Collier, 2008, S.44.
121 Vgl. Collier, 2008, S.44.
122 Vgl. Collier, 2008, S.45.
123 Vgl. Collier, 2008, S.45.
124 Vgl. Collier, 2008, S.45.
125 Vgl. Collier, 2008, S.45.
126 Vgl. Collier, 2008, S.40.
127 Vgl. Collier, 2008, S.40.

und ihre Derivate.[128] Die Herkunft der Waffen beziffert Oxfam mit 95%[129] von außerhalb Afrikas. Nur 5%[130] werden in Afrika und hier hauptsächlich in Südafrika und Ägypten produziert und vertrieben. Auch die Munition wird mit einem Anteil von 98%[131] von außerhalb Afrikas geliefert. Größter Lieferant für Munition in SSA ist Spanien[132]. Der Handel mit Waffen und Munition ist demnach ein einträgliches Geschäft für die Lieferanten außerhalb des Kontinents. Diese werden nicht an einer Beilegung der Konflikte oder ihrer Verhinderung interessiert sein.

Die Rekrutierungspraktiken für die Kriegsparteien sind unterschiedlicher Natur. So finden in manchen Konflikten Zwangsrekrutierungen statt, Beispiel Uganda[133]. Es gibt aber auch Freiwillige, junge Männer mit der Hoffnung, etwas Geld zu verdienen, Befürworter der anfänglichen Ziele und kampfeswillige Psychopathen.[134] Aderju Oyefusi untersuchte im östlichen Nigerdelta die Gründe für den Anschluss an eine Rebellenbewegung. Er fand 3 Hauptgründe heraus: Jugend, mangelnde schulische Bildung und familiäre Ungebundenheit.[135] Prof. Weinstein untersuchte die Motive von Rebellengruppen in Afrika. Er kommt zu dem Ergebnis, dass die ursprünglichen Motive einer Rebellengruppe zusehends erodieren.[136] Diese Erosion erklärt den Fortgang von Konflikten trotz sich verändernder Rahmenbedingungen, zum Beispiel in Angola.

Konflikte und Kriege gehören zu den internen Hauptursachen für die Verschwendung von großen Teilen der Staatshaushalte und der Entwicklungshilfe in Afrika. Dies ist nicht nur auf die Konfliktparteien in den Ländern bezogen, sondern auch auf die angrenzenden Staaten. Diese Konflikte vernichten Wachstum und Wohlstand in großem Maße.

---

128 Vgl. Oxfam, 2007, S.19.
129 Vgl. Oxfam, 2007, S.21.
130 Vgl. Oxfam, 2007, S.20ff.
131 Vgl. Oxfam, 2007, S.21.
132 Vgl. Oxfam, 2007, S.21.
133 Vgl. Collier, 2008, S.47.
134 Vgl. Collier, 2008, S.48.
135 Vgl. Collier, 2008, S.49.
136 Vgl. Collier, 2008, S.48.

3.3 Klima / Infrastruktur / Geografie

Als nächste interne Ursachen werden Klima, Infrastruktur und Geografie untersucht. Bei der Geographie wird bewusst die geografische Lage eines Landes als Bezugspunkt und nicht die „Neue Wirtschaftsgeografie“, nach dem Nobelpreisträger 2008 für Wirtschaft Paul Krugman, gewählt.

3.3.1 Klima

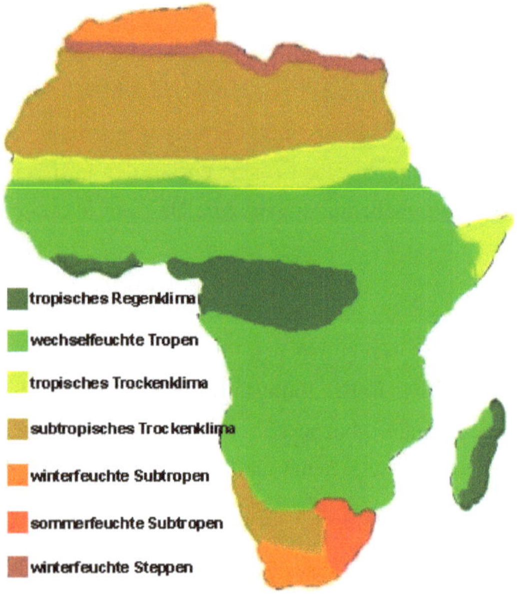

Afrika ist klimatisch zweigeteilt. Der Norden des Kontinents ist mit Wüsten und Halbwüsten bedeckt. Südlich der Sahara hingegen, tritt zum Großteil tropisches und subtropisches Klima mit Savannen und Regenwäldern auf. Diese klimatische Zweiteilung ist auch gleichzeitig die Teilung des Kontinents in den Norden und den hauptsächlich im Süden beheimateten von LDC von SSA.

In großen Teilen Afrikas gibt es nur 2 Jahreszeiten, die Regen- und die Trockenzeit.

Abbildung 5: Klimazonen in Afrika

Quelle: http://www.geolinde.musin.de/afrika/html/t_afrklimaundvegetation.htm

Abbildung 6: Niederschläge in Afrika
Quelle: http://www.diercke.de/kartenansicht.xtp?artId=978-3-14-100700-8&seite=132&id=5076&kartennr=3

Bei den Niederschlägen ergibt sich ein von den Klimazonen abhängiges Bild. Der Norden ist weniger von Niederschlägen begünstigt als der Süden. Südlich der Sahara gibt es überall, bis auf große Teile Namibias, Eritreas, Botswanas und Somalias, reichhaltige Niederschläge. Die Geografie der Länder Afrikas versetzt diese natürlich in Abhängigkeit vom Klima. Einige Länder haben mit einem trockenen Klima zu kämpfen, in dem die landwirtschaftliche Produktivität durch lange Dürreperioden empfindlich beeinträchtigt wird oder insgesamt niedrig ist.[137] In den meisten tropi-

[137] Vgl. Sachs, 2007, S.77.

schen Ländern herrschen Bedingungen, die potenziell tödliche Krankheiten wie Malaria, Bilharziose, Denguefieber und Dutzende weitere Tropenkrankheiten begünstigen.[138] Die Verbreitung von Krankheiten stellt damit auch den größten Wachstumshemmer, begünstigt durch das Klima, auf dem afrikanischen Kontinent dar.

3.3.2 Infrastruktur

Die zentralen Voraussetzungen für den Siegeszug der Globalisierung sind neue und billige Transportmöglichkeiten, der Abbau von Handelshemmnissen und die globale Kommunikation, die neue Informations- und Kommunikationsmöglichkeiten schafft. Diese Aspekte ermöglichten es der Welt in den letzten 15 Jahren, sich in einem rasanten Tempo zu entwickeln. Wie steht es jetzt um diese Infrastruktur in Afrika? Ist sie der Globalisierung in Afrika hinderlich gewesen, denn das Wachstum von 1995-2005 lag nur bei 1,88%, während die Weltwirtschaft bedeutend schneller wuchs? Dies wird nachfolgend untersucht.

---

138 Vgl. Sachs, 2007, S.77.

3.3.2.1 Elektrizität

In SSA ist die Versorgung mit Elektrizität ein chronisches Problem. 77%[139] aller Haushalte in SSA sind ohne elektrischen Anschluss. In ländlichen Gebieten ist die Zahl noch verheerender. Dort haben nur 12%[140] aller Haushalte Zugang zu Elektrizität. 48%[141] aller Unternehmen bezeichnen die Defizite in der Versorgung mit Elektrizität als negativen Faktor für Wachstum. Der durchschnittliche Stromausfall von 56 Tagen im Jahr kostet die Unternehmen 5-6% ihrer Einkünfte.[142] 20% der in Afrika installierten Generatoren sind Notstromgeneratoren.[143] Die gesamte in SSA installierte Leistung zur Produktion von Strom beträgt 68,000 Megawatt.[144] Dies ist nicht mehr als die in Spanien installierte Leistung.[145]

Country	%
Burundi	2
Egypt	99
Eritrea	32
Ethiopia	16
Kenya	15.5
Malawi	7
Mauritius (*)	75
Rwanda	6
Sudan	25
Swaziland (*)	23
Uganda	9
Zambia	20
Zimbabwe	41

Sources: Field Survey Conducted by the Secretariat;
(*) Access to Electricity, Electricity Prices in selected countries in Eastern and Southern Africa, April 2003.

Tabelle 2: Population that had Access to Electricity in 2003 (in %)
Quelle: COMESA annual report [2007], S.26

139 Vgl. ICA, 2007, S.21.
140 Vgl. ICA, 2007, S.21.
141 Vgl. ICA, 2007, S.21.
142 Vgl. ICA, 2007, S.21.
143 Vgl. ICA, 2007, S.21.
144 Vgl. ICA, 2007, S.21.
145 Vgl. ICA, 2007, S.21.

3.3.2.2 Telekommunikation

„Nur ca. 4% (2007) der afrikanischen Bevölkerung verfügen über einen Internetanschluss. Im Vergleich zu anderen Nationen liegt dies auf einem sehr geringen Niveau, besonders da eine starke Konzentration in Marokko, Ägypten und in Südafrika vorherrscht. So verfügen 1,79% der südafrikanischen und 6,79% der marokkanischen Haushalte über einen Internetanschluss (Südkorea: 90%, USA: 53%, Großbritannien: 53%). Der Sudan bildet in Afrika das Schlusslicht mit einem Wert von 0,05%. Obwohl die Verbreitung von Internetanschlüssen afrikaweit sehr gering ist, werden mehr als 75% des Datenverkehrsverkehrs nicht von afrikanischen Netzbetreibern bewältigt. Ein Grossteil des Datenverkehrs muss über Großbritannien oder die USA betrieben werden. Ohne die Nutzung von Satelliten wäre eine Kommunikation nicht möglich. Der Mangel an eigener Infrastruktur verursacht jährliche Kosten, die in die Milliarden Dollar gehen. Der Weg über Satellitenverbindungen bedeutet neben höheren Kosten auch noch langsamere, instabilere Verbindungen, aufgrund höherer Durchlaufzeiten.“ [146]

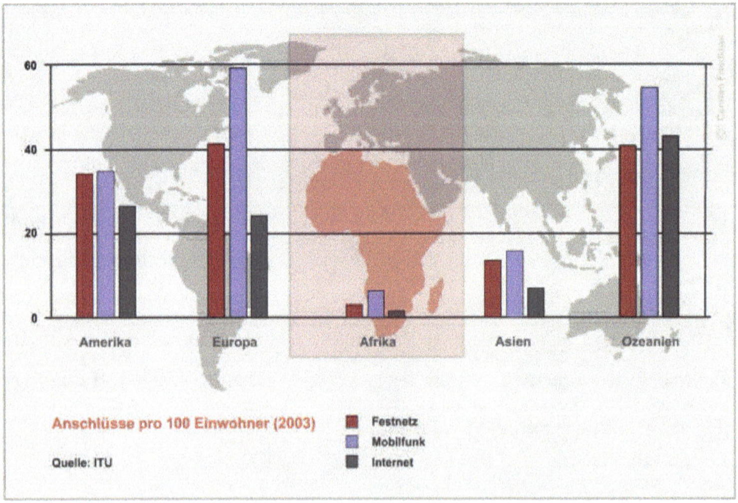

Abbildung 7: Telefonanschlüsse und Internetzugänge im weltweiten Vergleich
Quelle: Friedland [2005], S.1

146 Vgl. Ohm, 2008, S1.

In SSA stehen nur rund 5%[147] der Bevölkerung ein Festnetz- oder Mobiltelefonanschluss zur Verfügung. Ähnlich niedrige Zugangszahlen gibt es ansonsten nur noch im Pazifik und in Südasien. Gleichzeitig existieren gewaltige Unterschiede innerhalb Afrikas: Während in Nordafrika um die 15 Prozent aller Bürgerinnen und Bürger einen Telefonanschluss besitzen, gehören Länder wie Botswana mit 37 Prozent oder Südafrika mit 41 Prozent zu den Spitzenreitern des Kontinents und liegen um ein Vielfaches über dem gesamtafrikanischen Durchschnitt von ungefähr acht Prozent.[148] Mobiltelefone sind jedoch die Wachstumsstory des Kontinents. Der Markt ist zwischen 50-400%[149] in den letzten 3 Jahren gewachsen. So haben 91%[150] der urbanen Bevölkerung Zugang zu einem Mobilfunknetz. In ländlichen Gebieten sind es noch 42%[151].

Telekommunikation und die schnelle Verbreitung von Informationen gehören zu den 3 Hauptgründen für die zunehmende Globalisierung der letzten 15 Jahre. Da Afrika aber nur eine unzureichende Infrastruktur diesbezüglich aufweisen kann, wurde es von den hohen Wachstumsraten der Weltwirtschaft ausgeschlossen.

3.3.2.3 Transport

80-90%[152] des Transports von Menschen und Gütern in Afrika findet auf den Straßen statt. Transportkosten können bis zu 77%[153] der Gesamtkosten für Exporte in den ärmsten Ländern Afrikas ausmachen. Die meisten Länder haben ein gutes Netzwerk von Landstraßen. Die größten Probleme sind jedoch die Verbesserung der Qualität und Instandhaltung dieser Straßen.[154] Ein weiteres Problem sind die nicht vorhandenen Regionalverbindungen, welche die Binnenstaaten mit dem Meer verbinden.[155] Auch Straßensperren stellen ein Problem dar. So werden an Straßensperren Gebühren erhoben. Im Senegal zum Beispiel muss ein Fahrer für 100km Fahrstrecke 19 US$

---

147 Vgl. Friedland, 2005, S1.
148 Vgl. Friedland, 2005, S1.
149 Vgl. ICA, 2007, S.25.
150 Vgl. ICA, 2007, S.25.
151 Vgl. ICA, 2007, S.25.
152 Vgl. ICA, 2007, S.15.
153 Vgl. ICA, 2007, S.15.
154 Vgl. ICA, 2007, S.15.
155 Vgl. ICA, 2007, S.15.

Bestechungsgelder bezahlen und dabei 7 Checkpoints passieren.[156] Ein anderes Beispiel ist die Strecke von Ouagadougou in Burkina Faso nach Bamako in Mali über 900km.[157] Dort müssen 128 US$ Bestechungsgelder bezahlt und 25 Checkpoints passiert werden.[158] Diese Zusatzkosten behindern den Warenverkehr und verursachen Unsicherheiten bei potenziellen Investoren.

In urbanen Gebieten sind die öffentlichen Verkehrsmittel von einem sinkenden Standard betroffen.[159] Das Verkehrsaufkommen wächst unaufhaltsam in den City-Regionen. Die Infrastruktur für Fußgänger und Zweiradfahrer verschlechtert sich hier zusehends.[160]

Der Schienenverkehr ging in den letzten Dekaden, infolge von Missmanagement, veralteten Zügen und schlechtem Equipment zurück.[161] Das gesamte Schienennetz beträgt gerade einmal 89.000 km[162]. In SSA existieren auf 1.000 km^2 2,9 km Schienen.[163] 16 Afrikanische Staaten haben kein Schienennetz oder verfügen nur über Teile von internationalen Netzwerkverbindungen.[164]

---

156 Vgl. ICA, 2007, S.16.
157 Vgl. ICA, 2007, S.16.
158 Vgl. ICA, 2007, S.16.
159 Vgl. ICA, 2007, S.15.
160 Vgl. ICA, 2007, S.15.
161 Vgl. ICA, 2007, S.17.
162 Vgl. ICA, 2007, S.17.
163 Vgl. ICA, 2007, S.17.
164 Vgl. ICA, 2007, S.17.

COMESA COUNTRIES	GAUGE1.0	GAUGE 1.067	TRACK (KM)	COMESA COUNTRIES WITHOUT RAILWAYS
Angola	.	X	2.776	Burundi
Botswana*	.	X	627	Comoros+
Djibouti	X	.	1.088	Lesotho
Ethiopia	X	.	N/A	Mauritius +
Kenya	X	.	2.050	Rwanda
Malawi	.	X	853	Somalia
Mozambique	.	X	3.600	.
Namibia	.	X	N/A	.
Sudan	.	X	N/A	.
Swaziland	.	X	240	.
Tanzania	X	X	2.580	.
Uganda	X	.	1.253	.
Zambia	.	X	1.260	.
Zimbabwe	.	X	3.374	.
RD Congo	.	X	N/A	.

*** Countries eligible for membership in COMESA**
+ Island Countries

Abbildung 8: Railway Tracks in COMESA
Quelle: COMESA Programm 2008

Die Hafenanlagen Afrikas haben eine Steigerung des Cargoaufkommens zu verzeichnen. In Südafrika stieg das Aufkommen um 431%[165] seit 2005 und in Westafrika um 164%[166]. Die Folge sind Staus und Verspätungen bei der Abfertigung. Die Binnenschifffahrt ist aufgrund fehlenden Ausbaus und der Instandhaltung vorhandener Wege noch keine zusätzliche Lösung zur Bewältigung des Transportproblems in Afrika.[167]

Der Lufttransport erlebt in Afrika derzeit ein Rekordvolumen an Investitionen.[168] Aber fehlende Infrastruktur ist nicht das Kernproblem. Die Sicherheit der Fluglinien ist das Hauptproblem. In Afrika werden 4,5%[169] des weltweiten Luftverkehrs abgewickelt. Der Anteil der Unfälle ist mit 25%[170] in 2005 jedoch wesentlich höher. 74

165 Vgl. ICA, 2007, S.17.
166 Vgl. ICA, 2007, S.17.
167 Vgl. ICA, 2007, S.18.
168 Vgl. ICA, 2007, S.18.
169 Vgl. ICA, 2007, S.18.
170 Vgl. ICA, 2007, S.18.

der 91 auf der schwarzen Liste für Fluggesellschaften der EU genannten Airlines stammen aus Afrika.[171]

Niedrige Transportkosten sind ein anderer der 3 Hauptgründe für die zunehmende Globalisierung der letzten 15 Jahre. Da Afrika auch hier nur eine unzureichende Infrastruktur aufweisen kann, wurde es von den hohen Wachstumsraten der Weltwirtschaft ausgeschlossen.

3.3.2.4 Wasserversorgung

	1990-POPULATION (THOUSANDS)				2004-POPULATION (THOUSANDS)			
	TOTAL	SERVED	NOT SERVED	% SERVED	TOTAL	SERVED	NOT SERVED	% SERVED
URBAN	144 992	119 508	25 484	82	267 516	215 121	52 395	80
RURAL	372 259	135 527	236 732	36	467 135	197 169	269 956	42
TOTAL	517 251	255 035	262 216	49	734 641	412 290	322 351	56

Tabelle 3: Water supply coverage in 1990-2004 in SSA
Quelle: ICA annual report [2007], S.15

Im Jahr 2004 haben 60 Mio. Menschen mehr in SSA keinen Zugang zu sauberem Trinkwasser als im Jahr 1990. SSA ist die Region in der Welt, in der die Anzahl der Menschen ohne Zugang zu sauberem Trinkwasser um 23% zugenommen hat.[172]

	1990-POPULATION (THOUSANDS)				2004-POPULATION (THOUSANDS)			
	TOTAL	SERVED	NOT SERVED	% SERVED	TOTAL	SERVED	NOT SERVED	% SERVED
URBAN	144 992	75 757	69 235	52	267 516	142 241	125 275	53
RURAL	372 259	88 609	283 650	24	467 135	129 192	337 933	28
TOTAL	517 251	164 366	352 885	32	734 641	271 433	463 208	37

Tabelle 4: Sanitation coverage in 1990-2004 in SSA
Quelle: ICA annual report [2007], S.14

---

171 Vgl. ICA, 2007, S.13.
172 Vgl. ICA, 2007, S.13.

In SSA haben 463 Mio. oder 63% der Menschen keinen Zugang zu sanitären Einrichtungen. SSA weist damit weltweit den höchsten Wert auf.[173] Auch hier nahm die Zahl zu.

Die Ursachen für die oben genannten Missstände sind in fehlenden Investitionen und im Bevölkerungswachstum zu sehen.[174] Ohne sauberes Trinkwasser und Zugang zu sanitären Anlagen verbreiten sich Krankheiten wie Durchfallerkrankungen. Jeden Tag sterben in Afrika 2000 Kinder unter 5 Jahren an Durchfallerkrankungen.[175] Dieser Umstand verhindert somit das Wachstum in Afrika nachhaltig.

Zusammenfassend kann zur Infrastruktur Afrikas gesagt werden, dass diese das Wachstum und somit die Verbesserung der Lebensbedingungen der afrikanischen Bevölkerung nicht unterstützt. Ohne eine funktionierende Infrastruktur können kein Wachstum erfolgen und die Transportkosten gesenkt werden. Die Infrastruktur einer Region sind die Adern (Transportwege), in denen das Blut (Wirtschaftsgüter) fließen kann. Die Globalisierung konnte sich auf dem afrikanischen Kontinent nicht wachstumsfördernd entfalten.

Auch der Zugang zu sauberem Wasser und sanitären Anlagen ist ein notwendiger Schritt um Krankheiten als Wachstumshemmer einzudämmen.

3.3.3 Geografie

Angesichts der Geografie der Staaten Afrikas ist der Zugang zum Meer das wichtigste Kriterium. Viele der ärmsten Länder (LDC) leiden unter hohen Transportkosten, da ihnen ein Zugang zum Meer fehlt, weil sie in hohen Bergregionen liegen oder nicht über schiffbare Flüsse oder gute natürliche Häfen verfügen.[176] Diese Länder werden von der UNO als Landlocked Developing Countries (LLDC) bezeichnet. In Afrika gehören dazu: Botswana, Burkina Faso, Burundi, ZAR, Äthiopien, Tschad, Lesotho, Malawi, Mali, Niger, Ruanda, Swasiland, Uganda, Sambia und Simbabwe.[177] Außer

173 Vgl. ICA, 2007, S.14.
174 Vgl. ICA, 2007, S.13.
175 Vgl. ICA, 2007, S.14.
176 Vgl. Sachs, 2007, S.76.
177 Vgl. http://www.un.org/special-rep/ohrlls/lldc/list.htm.

Botswana, Simbabwe und Swasiland gehören alle LLDC auch zu den LDC.[178] Rund 30% der Bevölkerung Afrikas leben in ressourcenarmen Ländern ohne Zugang zum Meer.[179]

Diese Binnenländer haben deutlich höhere Transportkosten für ihre Güter.[180] Die Höhe der Transportkosten eines Binnenstaates hängt davon ab, wie gut seine Nachbarn mit Zugang zum Meer ihre Verkehrsinfrastruktur ausgebaut haben.[181] Auch sind Binnenstaaten von der politischen Stabilität ihrer Nachbarn abhängig. Mit einem Nachbarn, auf dessen Territorium gerade ein Bürgerkrieg ausgefochten wird, kann man keine verlässlichen Transportmodalitäten vereinbaren.

Sachs geht davon aus, dass der fehlende Zugang eines Landes zum Meer seine Wachstumsrate um eine halben Prozentpunkt reduziert.[182] Der Fakt des geringeren Wachstums in einem LLDC ist aber auch vom Ressourcenreichtum des Landes abhängig. Es gibt ein Beispiel eines ressourcenreichen Landes, Botsuana, das in den letzten 40 Jahren mit weltweit unerreichter Geschwindigkeit gewachsen ist.[183] Botsuana ist zwar ein Binnenstaat, dennoch hat sich dieses Land wirtschaftlich gut entwickelt, weil es seinen Ressourcenreichtum produktiv nutzt.[184] Botsuana ist weltweit der größte Produzent von Rohdiamanten.[185] Beim Export seiner Rohstoffe ist ein ressourcenreiches Land ohne Zugang zum Meer nicht wesentlich benachteiligt, denn diese Rohstoffe sind so wertvoll, dass sie trotz der höheren Transportkosten eines Binnenstaates exportiert werden können.[186] Auch Simbabwe und Swasiland sind keine LDC aber LLDC. Simbabwe ist der weltweit viertgrößte[187] Produzent von Platin und in Swasiland werden Diamanten[188] gefördert.

Ressourcenarme Länder ohne Zugang zum Meer sind, was das Wachstum anbelangt, von ihren Nachbarn abhängig. Der Spill over Effekt bei einem Wirtschaftswachstum

178 Vgl. http://www.un.org/special-rep/ohrlls/lldc/list.htm.
179 Vgl. Collier, 2008, S.82.
180 Vgl. Collier, 2008, S.78.
181 Vgl. Collier, 2008, S.79.
182 Vgl. Collier, 2008, S.78.
183 Vgl. Easterly, 2006, S.334.
184 Vgl. Collier, 2008, S.80.
185 Vgl. CRB, 2008, S.86.
186 Vgl. Collier, 2008, S.80.
187 Vgl. CRB, 2008, S.206.
188 Vgl. CRB, 2008, S.86.

von 1% des Nachbarn mit Zugang zum Meer auf seinen benachbarten Binnenstaat, beträgt in Afrika 0,2%[189]. Bei nichtafrikanischen Ländern liegt dieser Effekt bei 0,7%[190]. Es ist also auch hier eine Benachteiligung bei Wachstum und Wohlstand zu erkennen.

Zusammenfassend kann gesagt werden, dass LLDC ohne Ressourcenreichtum besonders in ihrem Wachstum gehemmt werden, da sie von der Infrastruktur und Stabilität ihrer Nachbarn abhängig sind. Der mangelhafte Ausbau der Infrastruktur wurde im vorhergehenden Kapitel betrachtet.

Das Klima spielt in Afrika bei der Versorgung der Bevölkerung mit Nahrungsmitteln und der Agrarwirtschaft eine große Rolle. Die Länder nördlich der Sahara sind dabei benachteiligt, erreichen aber ein höheres Wohlstandsniveau. Die Anrainerstaaten im Süden der Sahara - Mali, Tschad, Senegal, Mauretanien und Niger - haben hier einen klimatischen Nachteil. Die Region SSA hat jedoch größtenteils gute Bedingungen für eine funktionierende Agrarwirtschaft. Diese wird in Kapitel 4.1.5 näher behandelt. Afrikanische Staaten haben in den letzten 4 Dekaden in ihre Infrastruktur nicht genügend investiert und dabei auch die Belange der Nachbarn als Binnenstaaten nicht berücksichtigt. Dieser Umstand führte zum Ausschluss aus der Globalisierungsrunde der Weltwirtschaft in den letzten 15 Jahren. Afrika diente lediglich als Rohstofflieferant für andere Volkswirtschaften außerhalb Afrikas. Dieser Sachverhalt wird im nächsten Kapitel untersucht.

3.4 Ressourcen und deren Einfluss auf Afrikas

Afrika ist ein rohstoffreicher Kontinent. In Afrika lagern 64% der Manganvorkommen, 50% der Goldvorkommen, 90% der Kobaltvorkommen, 50% der Phosphatvorkommen, 40% der Platinvorkommen, 13% der Kupfervorkommen und 7,5% der weltweiten Kohlevorkommen.[191] 70% des weltweit gehandelten Kakaos, 60% des

---

189 Vgl. Collier, 2008, S.82.
190 Vgl. Collier, 2008, S.82.
191 Vgl. Shikwati, 2007, S.3.

Kaffees und 50% des Palmöls werden in Afrika produziert.[192] Wie wirkt sich dieser Rohstoffreichtum auf die Länder Afrikas aus?

3.4.1 Afrika als Rohstofflieferant der entwickelten Welt

Der Kontinent ist einer der wichtigsten Rohstofflieferanten der entwickelten Welt und der Transformationsländer wie China und Indien. Nachfolgend einige Beispiele:

- Aluminium: Guinea ist der weltweit viertwichtigste Lieferant von Bauxit, dem Grundstoff für die Herstellung von Aluminium mit einem Anteil von 9%.[193]
- Erdöl: 9,1% der weltweiten Erdölvorkommen lagern in Afrika.[194] Die wichtigsten Produzenten sind Nigeria und Angola.[195]
- Gold: 25% der weltweiten Förderung stammen aus Afrika. Der weltweit größte Produzent ist Südafrika (12%). Ghana liegt auf Platz 8 der weltweit wichtigsten Förderländer.[196]
- Kakao: 70% des weltweiten Anbaus stammen aus Afrika. Das weltweit wichtigste Anbauland ist die Elfenbeinküste (37%), gefolgt von Ghana (20%).[197] Nigeria (5%) und die Kamerun (5%) liegen auf Platz 4 bzw5 der weltweiten Produktion.[198]
- Diamanten: 50% der weltweiten Förderung stammen aus Afrika. Botsuana (23,4%) ist dabei der mit Abstand wichtigste Förderer.[199] Die Demokratische Republik Kongo, Südafrika, Angola, Namibia, Ghana, Sierra Leone und die Zentralafrikanische Republik liegen bei der weltweiten Förderung auf den Plätzen 4, 5, 6, 7, 8, 9 und 11.[200]

---

192 Vgl. Shikwati, 2007, S.3.
193 Vgl. CRB, 2008, S.11.
194 Vgl. Rogers, 2005, S.172.
195 Vgl. Rogers, 2005, S.172.
196 Vgl. CRB, 2008, S.113.
197 Vgl. CRB, 2008, S.38.
198 Vgl. CRB, 2008, S.38.
199 Vgl. CRB, 2008, S.86.
200 Vgl. CRB, 2008, S.86.

- Kobalt: Die Demokratische Republik Kongo ist der weltweit wichtigste Lieferant mit einem Anteil von 36%[201]. Sambia liegt weltweit auf Platz 4 mit einem Anteil von 11%[202].
- Kaffee: wichtige Lieferanten sind hier Äthiopien, die Elfenbeinküste und Uganda.[203]
- Platin: Südafrika ist der weltweit wichtigste Lieferant (77%).[204] Simbabwe liegt bei der Förderung von Platin weltweit auf Platz 4.[205]

Der Anteil der Rohstoffexporte an den Gesamtexporten Afrikas lag 2007 bei 69,7%[206] und somit sind Rohstoffe der wichtigste Devisenbeschaffer des Kontinents. In Asien und Europa liegen diese Werte bei 10,4% und 10,5%.[207]

Diese Rohstoffvorkommen können den Wohlstand einer Volkswirtschaft begünstigen, wenn die Einnahmen aus dem Export der Bodenschätze als Grundlage einer breiten wirtschaftlichen Entwicklung dienen. Oftmals hat sich der vermeintliche Segen bedeutender Rohstoffe aber als Fluch für die betreffenden Volkswirtschaften erwiesen. Denn die Einnahmen aus den Rohstoffexporten können die Antriebskräfte für die wirtschaftliche Entwicklung schwächen, und sie bilden in manchen Fällen den Nährboden für Korruption und eine mangelhafte Staatsführung. Große Erträge aus Rohstoffexporten wirken so in hohem Maße wachstumshemmend. [208]Länder in denen große Rohstoffvorkommen entdeckt werden, können mit der Zeit in noch größere Armut abgleiten.[209] Ein Beispiel ist Nigeria mit seinen großen Erdölvorkommen. Dort ist das Bruttoinlandsprodukt je Einwohner seit Mitte der 60er-Jahre praktisch unverändert und das, obwohl sich die Öleinnahmen pro Kopf seitdem verzehnfacht ha-

201 Vgl. CRB, 2008, S.36.
202 Vgl. CRB, 2008, S.36.
203 Vgl. CRB, 2008, S.45.
204 Vgl. CRB, 2008, S.206.
205 Vgl. CRB, 2008, S.206.
206 Vgl. WTO Merchandise Trade by product, 2008, S.44.
207 Vgl. WTO Merchandise Trade by product, 2008, S.44.
208 Vgl. Collier, 2008, S.58.
209 Vgl. Collier, 2008, S.58.

ben.[210] Seit Anfang der 80er-Jahre ist das reale GDP pro Kopf sogar um fast 15% zurückgegangen.[211]

Warum ist das in diesen Ländern so? Dies wird nachfolgend untersucht.

3.4.2 Holländische Krankheit

Eine Erklärung für die negativen wirtschaftlichen Folgen großer Rohstofffunde ist die so genannte „Holländische Krankheit“. Große Erdgasfunde in der Nordsee hatten in den Niederlanden in den 60er-Jahren zumindest kurzzeitige Rückgänge des Exports von Industrie- und Dienstleistungsgütern zur Folge.[212] Durch die hohen zusätzlichen Erlöse aus der Ausfuhr von Bodenschätzen kommt es tendenziell zu einer Aufwertung der heimischen Währung.[213] Hierdurch werden die Exportmöglichkeiten für andere auf dem Weltmarkt angebotene Produkte geschmälert.[214] Die holländische Krankheit hemmt somit das Wachstum eines Landes, indem es Exportsektoren mit einem großen Wachstumspotenzial verdrängt.[215] Solche wichtige Sektoren sind die industrielle Produktion arbeitsintensiver Güter und Dienstleistungen, die heute in China und Indien hergestellt werden.[216]

„Auch muss die Ressourcenförderung keine dauerhafte Grundlage für breit gestreute Investitionen sein. Häufig sind die Förderindustrien wenig mit anderen einheimischen Wirtschaftszweigen verbunden. Investitionen, die sich auf den Aufbau der Förderkapazitäten konzentrieren, führen kaum zu Folgeinvestitionen in andere Sektoren. Zum einen liegt das an den fehlenden Zulieferindustrien vor Ort. Zum anderen sind bei vielen wertvollen Bodenschätzen wie Erdöl, Gas, Edelsteinen oder Edelmetallen die für den Export aufzubringenden Transportkosten im Vergleich zum Materialwert gering. Eine Weiterverarbeitung vor Ort ist daher nicht notwendig.“[217]

---

210 Vgl. Bardt, 2005, S.9.
211 Vgl. Bardt, 2005, S.10.
212 Vgl. Bardt, 2005, S.5.
213 Vgl. Bardt, 2005, S.5.
214 Vgl. Bardt, 2005, S.5.
215 Vgl. Collier, 2008, S.60.
216 Vgl. Collier, 2008, S.60.
217 Vgl. Bardt, 2005, S.5.

Die Holländische Krankheit stellt damit eine Erklärung für die wachsende Abhängigkeit der Wirtschaft eines Landes dar, wenn bedeutende Rohstoffvorkommen die Exportwirtschaft bestimmen und bietet eine Erklärung für niedrige Wachstumsraten für den Rest der Wirtschaft der betroffenen Staaten.

3.4.3 Soziale Wohltaten, Investitionen und Missmanagement

Ressourcenreiche Volkswirtschaften neigen zu überzogenen Ausgabenprogrammen in Aufschwungphasen. Diese Aufschwungphasen werden von steigenden Rohstoffpreisen begleitet. Bei rapide steigenden Rohstoffpreisen wittern Staatsministerien den großen Geldsegen und dementsprechend maßlos fallen ihre Haushaltsvorlagen aus.[218] Diese gestiegenen Ausgaben in der Aufschwungphase können in der Abschwungphase nicht genauso schnell wieder zurückgefahren werden. Oft werden dann nicht die eher unwichtigen Positionen gekürzt, die in der Aufschwungphase erhöht wurden, sondern die, die den Schutz der Politik am meisten benötigen.[219] Somit kommt es zu einer Fehlallokation der Investition in den betroffenen Ländern.

Sachs geht davon aus, dass Einnahmen aus natürlichen Ressourcen auf Kosten verantwortungsvollen Regierungshandelns gehen.[220] Ressourcenreiche Demokratien investieren nicht nur zu wenig, sie investieren oft auch in Projekte mit äußerst fraglichen Erfolgsaussichten.[221] Aber gerade in ressourcenreichen Gesellschaften sind Investitionen in besonderer Weise wichtig, weil durch sie Ressourcenüberschüsse in nachhaltige Einkommenszuwächse umgewandelt werden können.[222]

Des Weiteren führen Ressourceneinnahmen zu einer funktionellen Störung der Demokratie[223]. Länder mit Überschüssen aus Erdöl und anderen natürlichen Ressourcen sind in besonderem Maße resistent gegenüber politisch-demokratischem Druck.[224] Hohe Ressourceneinnahmen schwächen die politischen Kontrollmechanismen. Res-

---

218 Vgl. Collier, 2008, S.61.
219 Vgl. Collier, 2008, S.61.
220 Vgl. Collier, 2008, S.62.
221 Vgl. Collier, 2008, S.66.
222 Vgl. Collier, 2008, S.65.
223 Vgl. Collier, 2008, S.63.
224 Vgl. Collier, 2008, S.64.

sourcenreiche Länder sind nicht auf Steuereinkünfte angewiesen und somit besteht für die Bürger auch keine Notwendigkeit zu kontrollieren, wie der Staat ihre Steuergelder ausgibt.[225] Somit werden die politischen Mechanismen zur Kontrolle der Machtausübung untergraben. Sind aber politische Kontrollmechanismen in Kraft, steigt die Rendite des investierten Kapitals.[226] Das Land kann wirtschaftlich erfolgreich sein.

Einen Ausweg aus den oben genannten Problemen, die in ressourcenreichen Ländern auftreten, zeigt Botsuana:

„Die Regierung Botsuanas handelte nach der Entdeckung von Diamantenvorkommen 1968 einen Partnerschaftsvertrag mit De Beers aus. Während andere Regierungen wertvolle Mineralien in der Regel verstaatlichten, handelte Botsuana klug, indem es sich die Erfahrungen von De Beers im Abbau und der Vermarktung von Diamanten bediente. 1976 wurde ein weiteres Vorkommen entdeckt. Botsuana verhandelte erneut über die ursprüngliche Vereinbarung mit De Beers und gestand dem Unternehmen knapp 80% des Gewinns aus den Diamanten zu. 1986 verkaufte Botsuana seine staatlichen Diamantenbestände an De Beers. Im Gegenzug erhielt das Land Bargeld und einen beispiellosen Anteil von 5,2% an De Beers. Botsuanas Wirtschaft ist in den letzten 40 Jahren mit weltweit unerreichter Geschwindigkeit gewachsen, trotz der Abhängigkeit von Diamanten. Ein ganz anderes Ergebnis als bei anderen Diamantenproduzenten wie Sierra Leone und Angola. Botsuanas winziger Produktionssektor wuchs parallel dazu von 1966 bis 2003 ebenfalls mit einer Rate von 8,7%."[227]

Ressourcenreichtum kann in beide Richtungen wirken. Er kann, klug verwaltet, zu Wachstum und Wohlstand führen, oder wie in vielen anderen rohstoffreichen Staaten Afrikas zu Misswirtschaft, Konflikten, Abhängigkeiten und geringen Wachstumsraten.

Welche anderen internen Ursachen gibt es noch, die Afrika in den heutigen Zustand versetzt haben?

---

225 Vgl. Collier, 2008, S.69.
226 Vgl. Collier, 2008, S.71.
227 Vgl. Easterly, 2006, S.334ff.

3.5 Demokratie und Rechtssysteme in den Volkswirtschaften Afrikas

3.5.1 Staats- und Regierungsformen in Afrika

„Gut 15 Jahre ist es her, dass der Wind des demokratischen Wandels den afrikanischen Kontinent erreichte und eine politische Entwicklung auslöste, die verschiedentlich als zweite Befreiung oder zweite Demokratisierung bezeichnet wurde, um die Ablösung autokratischer Herrschaftsformen, welche die nachkoloniale Entwicklung nach einer kurzen Phase demokratischer Herrschaft weithin geprägt hatten, zu charakterisieren. Die weltpolitischen Veränderungen der späten 80er-Jahre waren damals der äußere Auslöser; die Bedingungen für den eintretenden Wandel waren jedoch in den verschiedenen Ländern Afrikas selbst nach jahrelanger ökonomischer Misswirtschaft und selbstherrlicher Einpartei- und oft sogar Ein-Mann-Herrschaft herangereift.“[228] Von funktionierenden Staaten kann in vielen afrikanischen Ländern dennoch nicht ausgegangen werden.[229]

Dabei gibt es eine beträchtliche Anzahl von Staaten wie Kamerun, Burkina Faso u.a.m., die auf einen Pfad einer durch eine Partei dominierten autokratischen Entwicklung eingeschwenkt sind, der als eine alternative Form der Herrschaft zur Demokratie zu bewerten ist.[230] Diese Autokratien lassen Parteien zu und führen Wahlen durch. Dabei stellen sie sicher, dass die Macht der herrschenden Partei und ihres Präsidenten unangetastet bleibt.[231] Als Beispiele für Autokratien gelten Togo, Tunesien, Simbabwe oder Ruanda. Autokratien führen zu Vetternwirtschaft und Fehlinvestitionen.

Eine weitere Regierungsform ist das so genannte Hybrid Regime. Diese werden zunächst als spezifische Kombination demokratischer und autokratischer Herrschaftspraktiken definiert. Wesentlich für die Abgrenzung zu autokratischen Wahlsystemen ist, ob die Wahlen kompetitiv sind, d.h., ob bei den Wahlen die Möglichkeit eines

228 Vgl. Meyns, 2006, S.3.
229 Vgl. Meyns, 2006, S.4.
230 Vgl. Meyns, 2006, S.4.
231 Vgl. Meyns, 2006, S.6.

Regierungswechsels gegeben ist und, verbunden damit, das Maß an staatlicher Gewalt und Repression, das zur Erhaltung der bestehenden Macht eingesetzt wird.[232]

Während die herrschende Elite an der Bewahrung ihrer Macht interessiert ist, liegt ihr zugleich an der demokratischen Legitimation nicht zuletzt wegen der westlichen Geber, die zum einen seit dem Ende des Ost-West-Konflikts auf demokratische Verhältnisse Wert legen und zum anderen die Quelle von Renteneinkommen für wirtschaftlich daniederliegende Staaten sind.[233] Den Schein der Demokratie so weit aufrechtzuerhalten, dass die Geber zufrieden sind und die Hilfsgelder weiter fließen, wird somit in neopatrimonialen Staaten angestrebt.[234] Friedlich verlaufende Wahlen spielen dabei eine entscheidende Rolle.[235] Oft werden bei diesen Wahlen auch die verschiedenen ethnischen Gruppen eines Landes gegeneinander aufgebracht und ausgespielt.[236]

Es gibt aber auch funktionierende Demokratien in Afrika. Dazu gehören Mauritius und Botsuana, die seit ihrer Unabhängigkeit Mehrparteiensysteme installiert haben und sich insoweit bereits vor der zweiten Befreiung auf dem Weg der Demokratie befanden, aber auch Länder wie Benin, Ghana, Kap Verde und Mali, die Anfang der 90er-Jahre die Transition von autokratischer Herrschaft vollzogen und seither relativ stabile demokratische Strukturen aufgebaut haben.[237] In allen genannten Ländern, mit Ausnahme von Botswana, haben seit Beginn der Transition durch Wahlen herbeigeführte Regierungswechsel stattgefunden.[238] Es ist nicht ganz zufällig, dass Botswana und Mauritius, die als Vorbilder der Demokratie in Afrika gelten, gleichzeitig auch wirtschaftlich Erfolge aufzuweisen haben. Mauritius hat seit 1982 regelmäßig Regierungswechsel nach Wahlen vollzogen, zuletzt im Juli 2005.[239] Trotz der heterogenen Bevölkerungsstruktur haben die Parteien in wechselnden Zusammensetzungen breite Koalitionen bilden können, die dem Zusammenleben der verschiedenen Bevölkerungsgruppen eine stabile politische Grundlage gegeben haben.[240] „Politische Stabili-

---

232 Vgl. Meyns, 2006, S.7.
233 Vgl. Meyns, 2006, S.7.
234 Vgl. Meyns, 2006, S.7.
235 Vgl. Meyns, 2006, S.7.
236 Vgl. Tetzlaff, 2008, S.14.
237 Vgl. Meyns, 2006, S.6.
238 Vgl. Meyns, 2006, S.6.
239 Vgl. Meyns, 2006, S.6.
240 Vgl. Meyns, 2006, S.6.

tät hat auch Botswana seit der Unabhängigkeit ausgezeichnet, allerdings immer unter der Führung derselben Partei, der Botswana Democratic Party (BDP). In der relativ homogenen Bevölkerung hat sie eine verlässliche Klientel in den traditionsorientierten ländlichen Gemeinschaften, während die Opposition in den Städten stärkeren Rückhalt hat, ohne die herrschende BDP bisher gefährden zu können. Auch ein Land mit funktionierender Demokratie wie Botswana musste indessen im Hinblick auf die abgehobene Art, wie Nachfolgeregelungen in der Staatsspitze innerhalb der herrschenden Elite ausgehandelt werden, Kritik hinnehmen."[241]

3.5.2 Demokratie in Afrika

Volkswirtschaften erzielen mit steigendem Demokratieniveau ein höheres Pro-Kopf-Einkommen, als Länder mit geringem Demokratienniveau. Der Einkommensanstieg vom undemokratischsten bis zum demokratischsten Land beträgt das Zehnfache.[242]

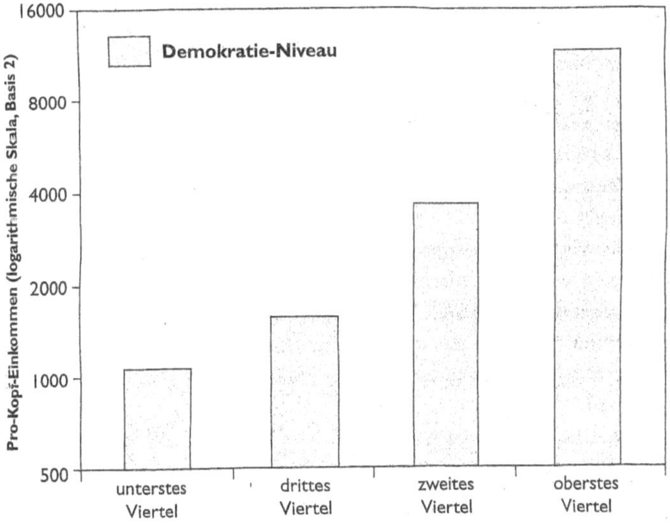

Abbildung 9: Pro-Kopf-Einkommen in Dollar auf verschiedenen Demokratie Niveaus

Quelle: Easterly [2006], S.121

241 Vgl. Meyns, 2006, S.6.

242 Vgl. Easterly, 2006, S.121.

Status-Index		Management-Index
Kriterien für Demokratie	**Kriterien für Marktwirtschaft**	**Kriterien für politisches Management**
Staatlichkeit	Sozioökonomisches Entwicklungs-niveau	Schwierigkeitsgrad
Politische Partizipation	Markt- und Wett-bewerbsordnung	Gestaltungs-fähigkeit
Rechtsstaatlichkeit	Währungs- und Preisstabilität	Ressourcen-effizienz
Stabilität demokratischer Institutionen	Privateigentum	Konsensbildung
Politische und gesellschaftliche Integration	Sozialordnung	Internationale Zusammenarbeit
	Leistungsstärke der Volkswirtschaft	
	Nachhaltigkeit (Ökologie und Bildung)	

Abbildung 10: Kriterien des Status und Management Index
Quelle: Schmidt [2006], S.2

Die Bertelsmann Stiftung untersucht mit ihrem Bertelsmann Transformationsindex (BTI Index), der durch die Untersuchung von 17 Kriterien in Abbildung 10 ermittelt wird, den Transformationsprozess von Staaten hin zur Demokratie. Anhand dieses Index werden die Volkswirtschaften in SSA nach Tabelle 5 klassifiziert.

Die Tabelle belegt zunächst eindrucksvoll die Fortschritte im Hinblick auf demokratischere Herrschaftssysteme. Existierten bis 1990 lediglich in Botswana, Mauritius und mit Abstrichen im Senegal demokratische Systeme, so sind heute insgesamt dreizehn Staaten weit fortgeschritten und weisen nur geringe Defekte auf.[243] Auch in der Ländergruppe der sechs bis sieben Staaten mit erheblichen Demokratiedefiziten z.B. in Malawi in Form eines fragilen Parteiensystem und Gewalt nach den letzten Wahlen

[243] Vgl. Schmidt, 2006, S.5.

nahmen Liberalisierung und Pluralisierung zu.[244] „Die überwiegende Mehrheit der Ländergutachten verweist auf ein überraschend hohes demokratisches Bewusstsein, das sich in repräsentativen Umfragen im Rahmen des Afrobarometers spiegelt: Bei Umfragen in zwölf Ländern sprachen sich Bevölkerungsmehrheiten zwischen 70 % (Lesotho) und 96 % (Tansania) gegen die Herrschaft des Militärs und des Weiteren gegen traditionelle Herrschaft oder Rückkehr zur Einparteienherrschaft aus. Zu den Staaten mit einer sehr positiven Entwicklung gehörten Madagaskar und Niger, während die demokratisch gewählte Regierung Kenias mit Präsident Kibaki die Hoffnungen auf durchgreifende Reformen enttäuschte. Im Großen und Ganzen stagnierte die Demokratieentwicklung im Untersuchungszeitraum in SSA.“[245]

Demokratien Mehr als 8	Demokratien mit leichten Defekten Zwischen 7 und 8	Demokratien mit erheblichen Defekten Zwischen 6 und 7	Autokratien, Fassadendemokratien, zerfallene Staaten/Post-Konfliktstaaten Zwischen 1 und 6
Mauritius	Namibia	Malawi	Simbabwe
Botswana	Ghana	Uganda	Äthiopien*
Südafrika	Senegal*	Niger	Eritrea
	Benin	Sierra Leone	Guinea
	Mali	Burkina Faso	Ruanda*
	Madagaskar	Nigeria*	Kamerun
	Sambia		Togo
	Tansania		Tschad*
	Mosambik		
	Kenia		**Zerfallene Staaten/Post-Konflikt-staaten**
			Angola
			Somalia**
			Burundi*
			Zentral-afrikanische Republik*
			Liberia*
			Côte d'Ivoire*
			DR Kongo*

* Durch regionale Rebellentätigkeit eingeschränktes Gewaltmonopol des Zentralstaates.
** Kein staatliches Gewaltmonopol.

Tabelle 5: Politische Transformation
Quelle: Schmidt [2006], S.5 in Afrika

244 Vgl. Schmidt, 2006, S.5.
245 Vgl. Schmidt, 2006, S.5.

Hat der Grad der Demokratisierung Folgen für das Wachstum und das Einkommen der Bevölkerung? Unter den LDC SSA sind keine Demokratien. Bei den Demokratien mit leichten Defekten sind 5 von 10 (50%) Ländern LDC. Die Demokratien mit erheblichen Defekten weisen schon 5 von 6 (83%) als LDC aus. Autokratien und Fassadendemokratien versammeln 6 von 8 als LDC (75%) unter ihrem Dach. Bei den zerfallenen Staaten sind 6 von 7 (85%) LDC. Demokratie hat also einen Einfluss auf Wachstum und Wohlstand in SSA. Folglich hat sich die mangelnde Demokratisierung während der letzten 40 Jahre in Afrika negativ auf Wachstum und Wohlstand ausgewirkt.

Warum sind aber Nigeria, Simbabwe, Kamerun und die Elfenbeinküste keine LDC, obwohl sie erhebliche Demokratiedefizite ausweisen? Die Antwort liegt in ihrem Rohstoffreichtum. Nigeria ist wichtigster Öllieferant Afrikas, Kamerun ist wichtigster Holzlieferant Afrikas und gleichzeitig exportieren beide Länder Kakao. Simbabwe ist zweitwichtigster Platinlieferant des Kontinents und exportiert auch noch andere Rohstoffe. Die Elfenbeinküste ist der weltweit wichtigste Lieferant von Kakao.

Collier stellte fest, dass in einem Land ohne Ressourcenüberschüsse, aber mit demokratischen Institutionen das Wirtschaftswachstum im Jahresdurchschnitt um 2% höher ist als in einer despotischen Autokratie. Liegen die Ressourcenrenten bei 8% des Nationaleinkommens, so eliminiert sich dieser Wachstumsvorsprung von Demokratien.[246] Würde ein Land mit Ressourcenrenten im Wert von 20% des Nationaleinkommens von einer Autokratie zu einem System mit demokratischen Wahlen übergehen, würde die Wachstumsrate um fast 3% fallen.[247] Die Ursache hierfür liegt darin, dass ressourcenreiche Demokratien zu wenig und dann häufig auch noch falsch investieren.

Aber auch andere Länder SSA mit erheblichen Demokratiedefiziten exportieren Rohstoffe. Dort gelten aber auch noch andere wachstumshemmende Faktoren wie Krieg, die Abhängigkeit von Nachbarn als LLDC oder Korruption. Diese wird im nächsten Kapitel untersucht.

---

246 Vgl. Collier, 2008, S.65.

247 Vgl. Collier, 2008, S.65.

3.5.3 Schlechte Regierungsführung und Korruption

3.5.3.1 Korruption

Durch Korruption entsteht in Afrika jährlich ein Schaden von 148 Mrd. US$.[248] 700-800 Mrd. US$ beträgt der durch Korruption ins Ausland transferierte Betrag von vermögenden Staatsbürgern Afrikas. [249] Die meisten Länder Afrikas nehmen untere Plätze bei der Wahrnehmung von Korruption im täglichen Leben ein. So belegt Somalia den letzten Platz auf der Liste von Transparency International über 180 Länder im Jahr 2007.[250] Der Sudan und Tschad belegen Platz 172[251] und die Demokratische Republik Kongo sowie Guinea belegen Platz 168[252] der Liste. Auf der anderen Seite der Skala liegen Botswana, Südafrika und Mauritius auf den Plätzen 38,43[253] und 53[254]. Es verwundert also nicht, dass die demokratischsten Staaten des Kontinents auch die mit der geringsten Korruption sind. Die anderen Staaten Afrikas belegen das Mittelfeld der Liste.[255] Diese Erhebung beweist, dass Korruption ein weit verbreitetes Phänomen in Afrika ist. Vorgenannte Fakten zu Demokratie, Autokratie und Ressourcen bestätigen diese Tatsache. Allerdings ist festzustellen, dass in 2 weltweiten Befragungen der Bevölkerung in den Jahren 2003 und 2007 die Korruptionserwartung in Afrika am stärksten zurückgegangen ist.[256] Die sinkende Korruptionserwartung ergänzt das zuvor genannte wachsende Demokratiebewusstsein in Afrika.

3.5.3.2 Schlechte Regierungsführung

Als Länder mit schlechter Regierungsführung können Autokratien, Fassadendemokratien und zerfallende Staaten bezeichnet werden. Schlechte Regierungsführung und

---

248 Vgl. Tetzlaff, 2008, S.18.
249 Vgl. Tetzlaff, 2008, S.18.
250 Vgl. Transparency International, 2008, S.27.
251 Vgl. Transparency International, 2008, S.27.
252 Vgl. Transparency International, 2008, S.27.
253 Vgl. Transparency International, 2008, S.27.
254 Vgl. Transparency International, 2008, S.27.
255 Vgl. Transparency International, 2008, S.27.
256 Vgl. Transparency International, 2008, S.29.

Wirtschaftspolitik können ein Land mit alarmierender Geschwindigkeit ruinieren. So sind die Wachstumsraten Simbabwes in den letzten 6 Jahren alle negativ und reichen von -4,4% bis -13,6%[257] pro Jahr mit einer Inflationsrate von 1.000%[258] pro Jahr. Die Unterscheidung zwischen schlechter Regierungsführung und schlechter Wirtschaftspolitik wird deswegen vorgenommen, weil eine Regierung miserabel sein kann, aber dennoch eine gute Wirtschaftspolitik betreibt, (siehe Bangladesh)[259]. Schlechte Regierungsführung lässt das Geld des Staatshaushaltes versickern oder es wird in unrentable Projekte investiert. Die schlechte Regierungsführung geht mit der Korruption Hand in Hand und kann anhand des TI-Index für Korruption gemessen werden. So belegte der Tschad im Jahre 2005 den letzten Platz im TI-Ranking. [260] Im Tschad wurde 2004 untersucht, ob das Geld der Regierung, das für Krankenhäuser bestimmt war, auch tatsächlich dort angekommen ist. Die Verwendung spielte hier keine Rolle. Das Ergebnis bestätigte das Korruptionsranking. Weniger als 1% der Gelder erreichten die Krankenhäuser, 99% versickerten unterwegs.[261] Schlechte Regierungsführung kann ein lang andauerndes Phänomen in einem Land sein. Die Gründe dafür sind vielfältig. Viele der Machthaber der ärmsten Länder gehören zu den Superreichen dieser Welt.[262] Sie sind mit dem Status quo zufrieden. Es zahlt sich für sie aus, dass ihre Bevölkerung ungebildet und desinformiert ist.[263] Ein chronischer Mangel an Menschen mit dem erforderlichen Knowhow und eine Abwanderung von Gebildeten kennzeichnen solche Länder.[264] Nicht zuletzt hält sich die Begeisterung der Bevölkerung für Wirtschaftsreformen in Grenzen, denn sie haben einen schlechten Ruf.[265] Schlechte Regierungsführung kann bis zum Scheitern eines Staates führen. Die Kosten eines scheiternden Staates steigen mit jedem Jahr. Die Wachstumsraten sind niedrig oder negativ, dasselbe gilt auch für seine Nachbarstaaten.[266] Die Kosten eines

---

257 Vgl. http://www.indexmundi.com/de/simbabwe/bruttoinlandsprodukt_(bip)_reale_wachstumsrate.html.
258 Vgl. Collier, 2008, S.89.
259 Vgl. Collier, 2008, S.90.
260 Vgl. Collier, 2008, S.90.
261 Vgl. Collier, 2008, S.91.
262 Vgl. Collier, 2008, S.92.
263 Vgl. Collier, 2008, S.92.
264 Vgl. Collier, 2008, S.92.
265 Vgl. Collier, 2008, S.92.
266 Vgl. Collier, 2008, S.101.

scheiternden Staates und seiner Nachbarn betragen nach Collier 100 Mrd. US$[267]. Diese Summe werden auch die Bürger Somalias und seine Nachbarstaaten aufbringen müssen. Die Demokratische Republik Kongo ist ein anderes trauriges Beispiel in der Vergangenheit Afrikas.

Schlechte Regierungsführung und Korruption kosten die Volkswirtschaften Afrikas große Mengen an Kapital und behindern die Entwicklung der Volkswirtschaften Afrikas. Aber auch Rechtssysteme und Eigentumsrechte beeinflussen die Entwicklung der Volkswirtschaften Afrikas.

3.5.4 Rechtsysteme und informelle Eigentumsrechte

3.5.4.1 Rechtssysteme

Nach der Unabhängigkeit der ehemaligen Kolonien steht das Recht in Afrika südlich der Sahara einerseits immer noch im Schatten der Rechtssysteme der ehemaligen Kolonialmächte. Daneben gilt andererseits Gewohnheitsrecht, eine Mischung aus traditionellem und islamischem Recht.[268] „Das traditionelle Recht will nicht die strikte Beachtung der materiellen Normen erzwingen, sondern die Parteien versöhnen und die Harmonie in der Gesellschaft wieder herstellen. Seine Aufgabe bestand und besteht – vor wie nach der Kolonialzeit – prinzipiell in der Befriedung der Gesellschaft. Das Fehlen wirksamer Verfahren zur Vollstreckung der Urteile der Stammesgerichte macht es notwendig, ein wechselseitiges Einvernehmen zwischen den Parteien herzustellen. Bei der Entscheidung eines traditionellen Gerichts kann es auch vorkommen, dass unter bestimmten Bedingungen der durch ein Urteil Begünstigte auf dessen Durchsetzung verzichtet.“ [269]

Das angewandte Recht wurde nach der Unabhängigkeit reformiert, sowohl in den ehemaligen französischen, britischen als auch den belgischen Kolonien.[270] Bei den

---

[267] Vgl. Collier, 2008, S.101.
[268] Vgl. Kouassi, 2006, S.15.
[269] Vgl. Kouassi, 2006, S.15.
[270] Vgl. Kouassi, 2006, S.15.

Reformen wurde jedoch das traditionelle Recht ins Abseits geschoben.[271] Somit haben die Reformer in Wirklichkeit das Absterben des Gewohnheitsrechts weiter beschleunigt.[272] Durch die Einführung der neuen Gesetzbücher in vielen Ländern Afrikas ist das Gewohnheitsrecht als rechtlich unverbindlich deklariert worden.[273] Somit ist dieses Recht formell in den heutigen Rechtssystemen fast aller Länder in der Bedeutungslosigkeit versunken, da sich weder Richter noch Gesetzgeber bei der Urteilsfindung bzw. dem Erlass von Gesetzen an dieses alte Recht halten müssen. Durch diese Art der Modernisierung und die bedingungslose Anpassung an internationales Recht bzw. an das Recht der ehemaligen Kolonialmächte existieren in den jungen afrikanischen Staaten Rechtssysteme, die mit dem alltäglichen Leben ihrer Bevölkerung nichts zu tun haben.[274] Grundsätzlich wird ein Gesetz verabschiedet, um die Sitten, Traditionen und Gewohnheiten zu kodifizieren und zu harmonisieren.[275] Ein Gesetz, das dies verkennt, wird regelmäßig übertreten.

Aufgrund der teilweise parallelen Anwendung von traditionellem Recht und modernem Recht ist es für ausländische Investoren schwierig, die Rechtssicherheit für ihre Investitionen einschätzen zu können. Auf der anderen Seite steht das moderne Recht im Gegensatz zu den gewohnheitsrechtlichen Bräuchen der Bewohner. Beides sind keine wachstumsfördernden Umfeldbedingungen.

Die Rechtsungleichheit wird nachfolgend besonders anhand der informellen Eigentumsrechte an Grund und Boden in Afrika deutlich.

3.5.4.2 Informelle Eigentumsrechte

Eigentum ist die Grundlage allen Wirtschaftens. Die Mehrheit der Menschen in den Entwicklungsländern lebt auf dem Land, auf dem meist kein Rechtsanspruch besteht, es gehört niemandem.[276] Das Recht auf Eigentum gilt nur insoweit, als es andere an-

---

271 Vgl. Kouassi, 2006, S.16.
272 Vgl. Kouassi, 2006, S.16.
273 Vgl. Kouassi, 2006, S.16.
274 Vgl. Kouassi, 2006, S.16.
275 Vgl. Kouassi, 2006, S.16.
276 Vgl. Easterly, 2006, S.90.

erkennen.[277] Häufig nehmen stärkere ethnische Gruppen schwächeren Land weg. [278] So liegt der Wert der informellen städtischen Häuser in Afrika bei 580 Mio. US$.[279] Der Wert der informellen ländlichen Häuser liegt in Afrika bei 390 Mio. US$.[280] Das Eigentumsrecht ist ein Anreiz, langfristig und über Generationen hinweg Vermögen aufzubauen – häufig die Voraussetzung für die nötige Produktionskapazität zur Befriedigung von Verbrauchsbedürfnissen.[281] Ohne die offizielle Anerkennung von Eigentum hat der Bürger aber keinen Zugang zu Krediten oder anderen Kapitalquellen, bei denen er sein Eigentum als Sicherheit hinterlegen kann. Somit ist das informelle Recht wachstumsschädigend.

Fast jedes Land der dritten Welt besitzt ein formales Eigentumssystem.[282] Das Problem liegt darin, dass die meisten Bürger keinen Zugang dazu haben.[283] Sie stoßen gegen Grenzen aus der westlichen Vergangenheit, das den Kapitalismus auf einen sehr kleinen Sektor der Gesellschaft beschränkt.[284] Es bleibt für die armen Menschen die einzige Alternative, sich mit ihren Vermögensgegenständen in den extralegalen Sektor zurückzuziehen, wo sie leben und ihren Geschäften nachgehen können, jedoch ohne die Möglichkeit, ihre Vermögenswerte jemals in Kapital umwandeln zu können.[285] Grundeigentum betreffende extralegale Gesellschaftsverträge liegen dabei nahezu allen Eigentumssystemen zu Grunde und gehören zur Realität aller Länder.[286] Eigentumsregelungen sind am wirksamsten, wenn die Leute sich einig sind über die Eigentumsrechte an Vermögensgegenständen und die Regeln, die die Verwendung und den Tausch dieser Gegenstände festlegen.[287] Dabei stützen sich extralegale Gesellschaftsverträge in viel höherem Maße als das formale Recht auf einen Konsens der Menschen über den Umgang mit ihren Vermögenswerten.[288]

---

277 Vgl. Easterly, 2006, S.91.
278 Vgl. Easterly, 2006, S.91.
279 Vgl. de Soto, 2002, S.47.
280 Vgl. de Soto, 2002, S.47.
281 Vgl. Easterly, 2006, S.91.
282 Vgl. de Soto, 2002, S.174.
283 Vgl. de Soto, 2002, S.174.
284 Vgl. de Soto, 2002, S.174.
285 Vgl. de Soto, 2002, S.174.
286 Vgl. de Soto, 2002, S.197.
287 Vgl. de Soto, 2002, S.197.
288 Vgl. de Soto, 2002, S.197.

Die Verbriefung von Eigentumsrechten erfordert eine lange schriftliche Tradition.[289] Das wiederum lohnt nur, wenn das Besitztum wertvoll ist.[290] In ärmeren Gesellschaften wird Landbesitz mehr durch mündliche Überlieferung, Gewohnheitsrecht oder informelle Vereinbarungen innerhalb der Gemeinschaft begründet, nicht durch offizielle Beurkundung.[291] Auch Gemeinschaftseigentum kann durch Gewohnheitsrecht geregelt werden.[292] „Steigt der Wert des Landes, rentieren sich die Transaktionskosten für die offizielle Verbriefung, da man im Gegenzug mehr Eigentumssicherheit erhält. Vages Gewohnheitsrecht wird dann missachtet, weil es sich lohnt. Wächst eine Wirtschaft, wird Gewohnheitsrecht von formellem Recht abgelöst.“[293]

Nachfolgend ein Beispiel: „1956 privatisierte die britische Native Land Tensure Rules den Grundbesitz in Kenia. Dabei wurde Gewohnheitsrecht und Gemeinschaftsrecht außen vor gelassen. Die Verbriefung von Grundbesitz brachte viel Unsicherheit in das bestehende System. Private Eigentumsrechte können die Unsicherheit in Bezug auf Landbesitz sogar erhöhen statt sie zu verringern. Durch solche Erfahrung ernüchtert, besinnt man sich in Kenia mittlerweile wieder auf die Anerkennung von Gewohnheitsrechten und lässt zu, dass verbriefte Ansprüche erlöschen.“ [294]

Unklare Eigentumsrechte und Rechtssysteme, welche die Bedürfnisse der Bevölkerung außer Acht lassen, können nicht wachstumsfördernd sein. Das informelle Eigentumsrecht ist zwar kein spezifisches Problem für Afrika, es ist aber wie die anderen Faktoren nur ein Baustein zur Verhinderung von Wachstum und Wohlstand.

Ein niedriges Demokratieniveau und die Unsicherheit der Rechtssysteme sind wichtige Faktoren in der Entwicklung Afrikas, die Wachstum und Wohlstand in den meisten Volkswirtschaften des Kontinents wirksam verhindert haben. Dabei spielen Korruption und schlechte Regierungsführung die Hauptrolle in der Vernichtung von Kapital.

289 Vgl. Easterly, 2006, S.92.
290 Vgl. Easterly, 2006, S.92.
291 Vgl. Easterly, 2006, S.92.
292 Vgl. Easterly, 2006, S.92.
293 Vgl. Easterly, 2006, S.93.
294 Vgl. Easterly, 2006, S.96.

3.6 Sonstige interne Ursachen

3.6.1 Bildung und Forschung

Bildung gehört zu den Millennium-Zielen der Vereinten Nationen.[295] Ziel ist es, bis zum Jahr 2015 für alle Kinder eine Grundschulausbildung zu ermöglichen.[296] In Afrika werden derzeit 70 von 100 Kindern eingeschult.[297] Dies sind 36% mehr als vor 5 Jahren, wenn auch hauptsächlich in den Städten.[298]

Die höchste Rate der Einschulung in die Primärstufe im Jahr 2005 weisen die Seychellen mit 99%[299] auf. Djibuti bildet mit 33,3%[300] das Schlusslicht in Afrika. Am unteren Ende liegen des Weiteren Niger (40%), Burkina Faso (45%) und Guinea Bissau (45%).[301] 1995 lagen dort noch Eritrea (16%), Mali (21%), Niger (22%) und Äthiopien (22%).[302]

Die Seychellen weisen 2005 mit 97%[303] die höchste Einschulung in die Sekundarstufe auf, während Mosambik die kleinste Rate mit 7%[304] aufweist. Das untere Ende wird von Niger (8%), Guinea Bissau (9%), Burkina Faso (11%) und Tschad (11%) bestimmt.[305] Im Jahr 1995 lagen dort Niger (5%), Mali (5%) und Ruanda (7%).[306]

Die niedrigste Alphabetisierung unter der erwachsenen Bevölkerung weisen 2005 Burkina Faso (23,6%), Mali (24%), Tschad (25,7%) und Guinea (29,5%) auf.[307] Im Jahr 1995 lagen dort Tschad (12,2%), Burkina Faso (13,6%), Äthiopien (27%) und

---

295 Vgl. Zapf, Financial Times, 25.09.2008, S.14.
296 Vgl. Zapf, Financial Times, 25.09.2008, S.14.
297 Vgl. Zapf, Financial Times, 25.09.2008, S.14.
298 Vgl. Zapf, Financial Times, 25.09.2008, S.14.
299 Vgl. UNDP, Human Development Reports, 2007, S.1ff.
300 Vgl. UNDP, Human Development Reports, 2007, S.1ff.
301 Vgl. UNDP, Human Development Reports, 2007, S.1ff.
302 Vgl. UNDP, Human Development Reports, 2007, S.1ff.
303 Vgl. UNDP, Human Development Reports, 2007, S.1ff.
304 Vgl. UNDP, Human Development Reports, 2007, S.1ff.
305 Vgl. UNDP, Human Development Reports, 2007, S.1ff.
306 Vgl. UNDP, Human Development Reports, 2007, S.1ff.
307 Vgl. UNDP, Human Development Reports, 2007, S.1ff.

Benin (27,2%).[308] Die höchste Rate der Alphabetisierung weisen die Seychellen mit 91,8% auf.[309]

Die niedrigsten Alphabetisierungsraten im Jahr 2005 für Frauen im Vergleich zu Männern weisen Tschad (31%), Niger (35%), Guinea (43%), Äthiopien (46%) und Mosambik (46%) auf.[310] Am oberen Ende der Skala liegen die Seychellen (101%) und Botswana (102%).[311]

Die öffentlichen Ausgaben für Bildung in Prozent des GDP werden von Lesotho (13,4%), Botswana (10,7%), Tunesien (7,3%), Marokko (6,7%) und Kap Verde (6,6%) angeführt.[312] Die niedrigsten Ausgaben haben Äquatorial Guinea (0,6%), Kamerun (1,8%), Sambia (2,0%), Tschad (2,1%) und die Demokratische Republik Kongo (2,2%).[313] 1995 lagen dort Nigeria (0,9%), Uganda (1,5%), Tschad (1,6%), Guinea (2,0%) und die Zentralafrikanische Republik (2,2%).[314]

Die Ausgaben für Bildung in Prozent des öffentlichen Haushaltes der Regierungen betragen in Lesotho (29,8%), Kenia (29,2%) und Marokko (27,2%) am oberen Ende der Skala.[315] Am unteren Ende liegen Äquatorial Guinea (4%), Angola (6,4%), die Demokratische Republik Kongo (8,1%), Mauretanien (8,3%) und Kamerun (8,6%).[316] Im Jahr 1995 lagen dort Sambia (7,1%), Äthiopien (9,4%) und Uganda (11,5%).[317]

In SSA wurde laut einer Erhebung der UNESCO im Jahr 2005 kein einziges Patent angemeldet.[318] Nordafrika brachte in Marokko, Ägypten und Algerien pro 1 Mio.

---

308 Vgl. UNDP, Human Development Reports, 2007, S.1ff.
309 Vgl. UNDP, Human Development Reports, 2007, S.1ff.
310 Vgl. UNDP, Human Development Reports, 2007, S.1ff.
311 Vgl. UNDP, Human Development Reports, 2007, S.1ff.
312 Vgl. UNDP, Human Development Reports, 2007, S.1ff.
313 Vgl. UNDP, Human Development Reports, 2007, S.1ff.
314 Vgl. UNDP, Human Development Reports, 2007, S.1ff.
315 Vgl. UNDP, Human Development Reports, 2007, S.1ff.
316 Vgl. UNDP, Human Development Reports, 2007, S.1ff.
317 Vgl. UNDP, Human Development Reports, 2007, S.1ff.
318 Vgl. UNDP, Human Development Reports, 2007, S.1ff.

Einwohner 1 Patent hervor.[319] Deutschland - zum Vergleich - brachte auf 1Mio Menschen 158 Patente hervor.[320]

Die Länder SSA geben im Schnitt 0,32%[321] ihres GDP für Forschung und Entwicklung aus. Nordafrika investiert im Schnitt 0,44%[322] des GDP in Forschung und Entwicklung. Deutschland (im Vergleich) gibt 2,49%[323] des GDP für Forschung und Entwicklung aus.

Bei der Betrachtung der oben genannten Daten fällt auf, dass die Bildung in Afrika auf dem Vormarsch und eines der wichtigsten Anliegen des Kontinents ist. Die niedrigsten Raten für Alphabetisierung und Einschulung in die Grundschule weisen hier die LDC aus. Auch bei den weiterführenden Schulen und bei der Gleichberechtigung von Mann und Frau liegen die LDC am unteren Ende der Skala. Es besteht also offensichtlich ein ursächlicher Zusammenhang zwischen Bildung und Wachstum. Da die Bildung im Vergleich der Daten aus dem Jahr 1995 verbessert worden ist, kann zukünftig mit einem Anstieg des Wachstums gerechnet werden, zumindest blockiert dieser Faktor die Bildung von Wachstum und Wohlstand nicht mehr wie in der Vergangenheit. Die Ausgaben für Forschung und Entwicklung sind jedoch im internationalen Vergleich sehr schwach. Diese Tatsache zeigt die Behinderung von Wohlstand und Wachstum in diesem Bereich.

3.6.2 Krankheiten

In Afrika grassieren immer noch Krankheiten, die in der westlichen Welt zum Teil bereits ausgerottet wurden. Die Folgen wurden schon in Kapital 2.2 beschrieben.

In den letzten 10 Jahren sind mehr Menschen an Durchfallerkrankungen gestorben als in allen bewaffneten Konflikten seit dem Zweiten Weltkrieg ums Leben gekommen sind.[324] Der größte Teil davon in Afrika. In Afrika erkranken jedes Jahr 382 Mio.[325]

---

319 Vgl. UNDP, Human Development Reports, 2007, S.1ff.

320 Vgl. UNDP, Human Development Reports, 2007, S.1ff.

321 Vgl. UNDP, Human Development Reports, 2007, S.1ff.

322 Vgl. UNDP, Human Development Reports, 2007, S.1ff.

323 Vgl. UNDP, Human Development Reports, 2007, S.1ff.

324 Vgl. http://www.water-for-africa.org/de/afrika/gesundheit.html.

Menschen (88 % der weltweiten Fälle) an Malaria, davon sterben jährlich 2,7 Mio.[326] Menschen. 312 Mio. Menschen erkranken jedes Jahr in Afrika an Bilharziose, davon sind 119 Mio. Kinder unter 15 Jahren.[327] 208 Mio. Menschen in Afrika (52 % der weltweiten Fälle) erkranken jedes Jahr an Trachoma, davon sind 6 Mio. bereits erblindet.[328] 78 % der weltweiten Fälle von Flussblindheit treten in Afrika auf.[329] Diese Krankheiten werden zum Teil durch verunreinigtes Trinkwasser übertragen. Verunreinigtes Trinkwasser verursacht alleine in SSA durch Arbeitsausfälle und steigende Gesundheitsausgaben Kosten in Höhe von jährlich 28 Milliarden US$, dies entspricht 3,3% der Wirtschaftskraft SSA.[330] Das ist mehr, als Afrika pro Jahr Entwicklungshilfe erhalten hat. Die Ursachen hierfür sind die mangelhafte Infrastruktur für die Wasserversorgung und die sanitären Anlagen (siehe Kapitel 3.3.2.4).

Die schlimmste Seuche ist jedoch HIV/AIDS. „SSA ist die mit Abstand am stärksten von AIDS betroffene Region der Welt. Einige Zahlen verdeutlichen das Ausmaß der Epidemie. In Afrika südlich der Sahara findet sich die höchste Anzahl an HIV-Infizierten und die höchste Anzahl an AIDS - Toten. Die Region umfasst nur 10% der Weltbevölkerung, gleichzeitig leben hier aber zwei Drittel aller HIV-Infizierten, insgesamt etwa 25 Millionen Menschen von weltweit 37,8 Millionen. Die Infektionsrate unter Erwachsenen beträgt in SSA schätzungsweise 7,5 Prozent im Vergleich zu 1,1 Prozent in der gesamten Welt. Allein im Jahr 2003 starben 2,2 Millionen Menschen in SSA an AIDS."[331] Die Krankheit verringerte die Lebenserwartung in SSA auf 47 Jahre, damit lag sie 20 Jahre niedriger als vor dem Ausbruch der Krankheit.[332] Am schlimmsten betroffen sind Ostafrika und das südliche Afrika. So ist die Lebenserwartung in Botswana auf 35 Jahre gesunken. HIV/AIDS erhöht die Kosten im Gesundheitswesen, hat demografische Auswirkungen, lässt eine komplette Generation aussterben, führt zu Fehlzeiten am Arbeitsplatz und zu Lehrer- und Arbeitskräfteknappheit. Der Ausbau der Wirtschaft wird von der Seuche massiv erschwert. Quali-

---

325 Vgl. http://www.water-for-africa.org/de/afrika/gesundheit.html.

326 Vgl. Sachs, 2005, S.243.

327 Vgl. http://www.water-for-africa.org/de/afrika/gesundheit.html.

328 Vgl. http://www.water-for-africa.org/de/afrika/gesundheit.html.

329 Vgl. http://www.water-for-africa.org/de/afrika/gesundheit.html.

330 Vgl. http://www.water-for-africa.org/de/afrika/gesundheit.html.

331 Vgl. Kempf, 2004, S.1ff.

332 Vgl. Sachs, 2005, S.239ff.

fizierte Arbeitskräfte sind rar, die Industrie hat mit hohen Sterbeziffern unter den Beschäftigten zu kämpfen. Im Grunde müssten viele Arbeitsplätze bis weit ins Management hinein doppelt besetzt werden, um die Erfahrungen und Kenntnisse in den Unternehmen nicht zu verlieren. Die wirtschaftlichen Auswirkungen der letzten 25 Jahre, seitdem die Krankheit grassiert, sind verheerend. HIV/AIDS bewirkt in den afrikanischen Ländern einen Rückgang des jährlichen Pro-Kopf-Wachstums des GDP um durchschnittlich 0,5 Prozent.[333]

Krankheiten können demnach als eine der Hauptursachen für ausbleibendes Wachstum und Wohlstand in Afrika angesehen werden.

3.7 Zwischenfazit

Die internen Ursachen in den Volkswirtschaften Afrikas spielen eine erhebliche Rolle in der unzureichenden Entwicklung der letzten 40 Jahre. So verschlingen die Konflikte Afrikas die gesamte Entwicklungshilfe. Die Ursachen hierfür sind hauptsächlich in den Fehlern der Dekolonialisierung und im niedrigen Einkommensniveau (der Krieg nährt den Krieg) zu sehen. Die klimatischen Bedingungen begünstigen die Verbreitung von Krankheiten wie Malaria erheblich. Mangelhafte Infrastruktur und die Abhängigkeit der Binnenstaaten von den Nachbarn wirken ebenso wachstumshemmend. Die Abhängigkeit einiger Volkswirtschaften von ihren Bodenschätzen hemmt ihre wirtschaftliche Entwicklung. Das Demokratiedefizit und die anhaltende Korruption verschlimmern die Lage ebenfalls. Die Rechtssysteme in SSA sind den örtlichen Gegebenheiten und den Menschen mit ihrer Rechtstradition nicht angepasst. Schlussendlich verhindern mangelnde Bildung und die hohe Verbreitungsrate von Krankheiten jegliche Bildung von Wachstum und Wohlstand.

Die Verzehrung der Entwicklungshilfe durch Kriege gepaart mit den negativen Wachstumseffekten infolge der oben genannten Aspekte verschaffte Afrika eine solch geringe Wachstumsrate.

---

333 Vgl. Kempf, 2004, S.1ff.

4 Externe Ursachen

Es gibt verschiedene externe Ursachen, die nachfolgend behandelt werden. Es wird dabei ein Schwerpunkt auf die weltweite Handelspolitik gelegt, da hier sehr gut und offensichtlich die Benachteiligung der Länder Afrikas durch externe Einflussgrößen nachweisbar ist. Die Agrarmärkte werden dabei speziell untersucht, da 70%[334] der Menschen in den Entwicklungsländern direkt oder indirekt von der Landwirtschaft abhängig sind.

4.1 Handelspolitik und Handelsbarrieren

4.1.1 Handelshemmnisse

Die Handelspolitik der entwickelten Länder gegenüber den Entwicklungsländern und der Entwicklungsländer untereinander verhindert die Bildung von Wohlstand durch Freihandel auf beiden Seiten. Dabei sind gerade die ärmsten Länder auf den Freihandel angewiesen, um vom Wohlstand der Globalisierung zu profitieren. Den Freihandel behindern handelsverzerrende Barrieren. Diese werden in tarifäre und nichttarifäre Handelshemmnisse unterschieden.[335]

Tarifäre Handelshemmnisse können sein:

- Mengenzoll,
- Exportsubventionen,
- Importquoten,
- Produktionssubventionen.[336]

Wie die nachfolgende Abbildung zeigt, hat sich der durchschnittliche Zoll für Fertigungsgüter seit dem Zweiten Weltkrieg erheblich gesenkt. Die Höhe des Zollsatzes

---

[334] Vgl. Stiglitz, 2006, S.104.

[335] Vgl. Siebert,Lorz, 2000, S.149ff.

[336] Vgl. Krugman, Obstfeld, 2006, S.240ff.

unterscheidet sich aber erheblich im Nord-Nord-Handel zu dem im Nord-Süd- und Süd-Süd-Handel.

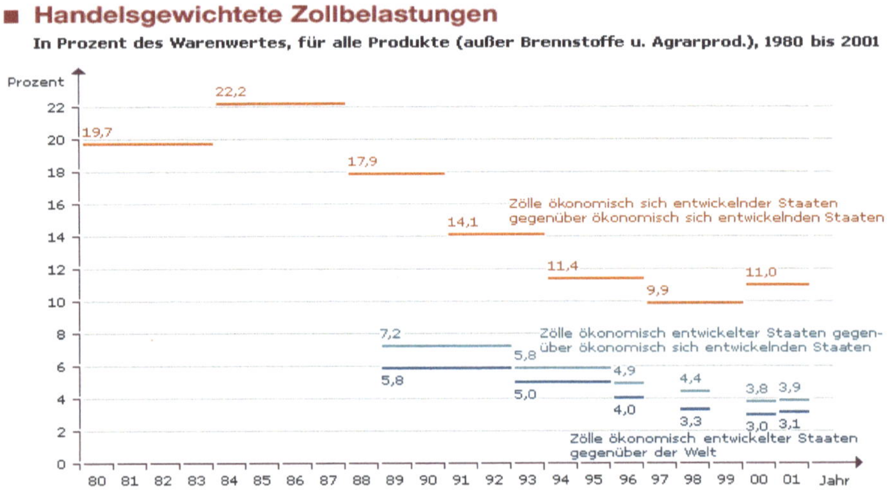

Abbildung 11: Handelsgewichtete Zollbelastung
Quelle: UNCTAD [2006]

Die höchsten Zölle verbuchen dabei die Entwicklungsländer im Süd-Süd-Handel mit 12,8%. Die Industriestaaten stehen mit dem Durchschnittszollsatz von 3,4%[337] zwar unter dem Niveau der Entwicklungsländer, dies zeigt aber eben nur den Durchschnittszollsatz. Dabei werden von den entwickelten Ländern im Handel mit den Entwicklungsländern auch Spitzenzölle auf einzelne Produkte vorzugsweise aus dem Agrarbereich und im Bereich verarbeitete Güter erhoben.[338]

---

337 Vgl. Stiglitz, Charlton, 2006, S.280.
338 Vgl. Stiglitz, Charlton, 2006, S.65.

Durchschnittszölle in Ländern mit hohem und niedrigem Einkommen auf Fertigungsgüter der eigenen und der jeweils anderen Gruppe.

Exportregion	*Importregion*	
	Hohes Einkommen	*Niedriges Einkommen*
Hohes Einkommen	0,8	10,9
Niedriges Einkommen	3,4	12,8
Welt	1,5	11,5

Abbildung 12: Durchschnittzölle auf Fertigungsgüter (in Prozent)
Quelle: Stiglitz, Charlton [2006], S. 281

Diese Tabelle zeigt die durchschnittlichen Zollsätze von Ländern mit hohem und niedrigem Einkommen im Handel unter- und miteinander.

Exportregion	*Importregion*	
	Hohes Einkommen	*Niedriges Einkommen*
Hohes Einkommen	15,9	21,5
Niedriges Einkommen	15,1	18,3
Welt	15,6	20,1

Abbildung 13: Durchschnittliche Agrarzölle (in Prozent)
Quelle: Stiglitz, Charlton [2006], S. 236

Die durchschnittlichen Zölle im Agrarbereich liegen bei den entwickelten Staaten im Handel mit den Entwicklungsländern mit 21,5% am höchsten. Auch hier gilt das Argument der Spitzenzölle. So werden auf vollständig verarbeitete Lebensmittel in Kanada, Japan und der EU 42, 65 bzw.24%[339] Zoll erhoben.

Nichttarifäre Handelshemmnisse werden von entwickelten Ländern zumeist angewendet, um die Regelungen zur Reduzierung des Zollniveaus im Rahmen der WTO (World Trade Organisation) zu umgehen. Weiterhin dienen sie dem Schutz der einheimischen Produzenten. Der Abbau beziehungsweise die Beseitigung von Zöllen bedeutet nicht das Ende protektionistischer Stimmungen oder einer protektionistischen Politik; er zwingt sie lediglich dazu, neue Ventile zu finden. Da wundert es

339 Vgl. Stiglitz, Charlton, 2006, S.66.

nicht, dass die Industriestaaten in dem Maße, wie sie die Zölle senken, überaus raffinierte nichttarifäre Handelshemmnisse errichten.[340]

Nichttarifäre Handelshemmnisse können sein:

- befristete Schutzzölle,
- Antidumpingzölle,
- technische Handelshemmnisse,
- Ursprungsregeln (Herkunftsbezeichnung).[341]

Zur Regelung des weltweiten Handels wurde die WTO mit ihren Unterorganisationen geschaffen. Nachfolgend eine kurze Vorstellung der Handelsabkommen.

4.1.2 Die WTO und ihre Handelsabkommen

Die WTO ist aus dem GATT47 und der Uruguay-Verhandlungsrunde entstanden und hat am 01.01.1995 ihre Arbeit aufgenommen. Die WTO hat 151 Mitglieder und unter ihrem Dach werden 93% des Welthandels abgewickelt.[342] Ziel der WTO ist es, den freien Handel zu fördern und für ihn einen rechtlichen Rahmen zu schaffen. Innerhalb der WTO gibt es zwei wichtige Strömungen: die entwickelten Länder, auch Industriestaaten genannt und die Entwicklungsländer. Demzufolge sind auch die Interessenlagen unterschiedlich. Die Industrieländer fordern einen Abbau der Zollbarrieren für Fertigungsgüter und einen freien Dienstleistungshandel. Die Entwicklungsländer fordern eine Liberalisierung des Agrarhandels und einen Abbau der Agrarsubventionen in den Industriestaaten.[343]

Unter dem Dach der WTO sind nachfolgende Handelsabkommen angesiedelt.

---

340 Vgl. Stiglitz, 2006, S.123.
341 Vgl. Stiglitz, 2006, S.124ff.
342 Vgl. Lindner, Altmann, 2005, S.22ff.
343 Vgl. Lindner, Altmann, 2005, S.22ff.

4.1.2.1 GATT

Das Allgemeine Zoll- und Handelsabkommen ist das älteste Abkommen unter dem Dach der WTO. Es betrifft den Handel mit Waren. Ziel des GATT (General Agreement on Tariffs and Trade) sind die Wohlstandsmehrung und die Steigerung des Welthandels durch Handelsliberalisierung und den Abbau von Handelshemmnissen. Dafür wurden nachfolgende Instrumente im Rahmen des GATT geschaffen:

- Meistbegünstigung, Art. I, bedeutet: eingeräumte Handelsvorteile müssen für alle Mitglieder gewährt werden
- Inländerbehandlung, Art. III, bedeutet: gleiche steuerliche und wirtschaftliche Behandlung von Waren aus dem In- und Ausland
- Gleichbehandlung bei mengenmäßigen Beschränkungen, Art. XIII
- Wechselseitigkeit bzw. Reziprozität, Präambel des GATT, bedeutet: wechselseitige Einräumung von Handelserleichterung.[344]

Als Ausnahmen unter den oben genannten Prinzipien gibt es:

- Schutz des Lebens von Mensch, Tier und Pflanzen,
- Sicherung der Zahlungsbilanz,
- Sonderstatus von Freihandelszonen,
- Schutz inländischer Erzeuger vor ernsthaftem Schaden,
- Behandlung von Entwicklungsländern.[345]

Das Problem des GATT sind die zahlreichen Ausnahmen, auf das sich ein Land im Zweifelsfall zu seinen Gunsten berufen kann. Auch sind einzelne Handelsbereiche, z.B. Textilien und Agrarprodukte, zeitweise in gesonderten Verträgen ausgelagert worden.

---

344 Vgl. Lindner, Altmann, 2005, S.22ff.

345 Vgl. Lindner, Altmann, 2005, S.22ff.

Die Nutznießer des Handelsabkommens in seiner jetzigen Form sind die Industriestaaten, da diese wirtschaftlich am stärksten sind und die Handelshemmnisse für Fertigungsgüter im Rahmen der WTO reduziert wurden. Die Industriestaaten vereinten 2007 70,6%[346] des weltweiten Handels mit Waren auf sich. Afrika exportierte 422 Mrd. US$[347] oder 3,1% des weltweiten Handels mit Waren. Südafrika hatte daran einen Anteil von 70 Mrd. US$[348]. Die Ölexporteure des restlichen Afrikas exportierten 247 Mrd. US$[349]. Alle anderen Staaten Afrikas hatten einen Anteil von 105 Mrd. US$[350].

4.1.2.2 GATS

Das Dienstleistungsabkommen GATS (General Agreement on Trade in Service) unter dem Dach der WTO kam auf Druck der Industriestaaten zustande, da weltweit 30% der Beschäftigten im Dienstleistungssektor arbeiten und 60% des Weltproduktes Dienstleistungen sind. Der Dienstleistungshandel betrug 2007 19,3%[351] des Welthandels, Tendenz steigend. Weltgrößter Dienstleistungshändler sind die USA mit 454 Mrd. US$[352], gefolgt von GB mit 263 Mrd. US$[353] und Deutschland mit 197 Mrd. US$[354]. Damit sind die größten Nutznießer und Befürworter dieses Abkommens auch schon genannt.

Afrika exportierte 84 Mrd. US$[355] oder 2,57% des weltweiten Dienstleistungshandels, wobei Ägypten und Südafrika mit 18 Mrd. US$[356] bzw. 13 Mrd. US$[357] die größten Exporteure waren.

---

346 Vgl. WTO, World Trade Developments, 2007, Table 1.6, S.10.
347 Vgl. WTO, World Trade Report, 2007, Table 2, S.12.
348 Vgl. WTO, World Trade Report, 2007, Table 2, S.12.
349 Vgl. WTO, World Trade Report, 2007, Table 2, S.12.
350 Vgl. WTO, World Trade Report, 2007, Table 2, S.12.
351 Vgl. WTO, World Trade Report, 2007, Table 2, S.12.
352 Vgl. WTO, World Trade Report, 2007, Table 2, S.12.
353 Vgl. WTO, World Trade Report, 2007, Table 2, S.12.
354 Vgl. WTO, World Trade Report, 2007, Table 2, S.12.
355 Vgl. WTO, World Trade Report, 2007, Table 2, S.12.
356 Vgl. WTO, World Trade Report, 2007, Table 2, S.12.
357 Vgl. WTO, World Trade Report, 2007, Table 2, S.12.

Das GATS hat das Ziel, ein Regelwerk für den Dienstleistungshandel zu schaffen und somit seinen Handel auszuweiten.

Im GATS werden 12 Sektoren mit 160 Disziplinen aufgeführt, ohne den vielschichtigen Begriff Dienstleistung zu definieren. Kennzeichen von Dienstleistungen sind die grundsätzliche Gleichzeitigkeit von Produktion und Verbrauch, Immaterialität, Vergänglichkeit und mangelnde Transportfähigkeit, d.h. eine gewisse Standortbindung, die mit zunehmender Telekommunikation abnimmt.[358] Im GATS werden 4 Modi unterschieden:[359]

Modus I: Die Dienstleistung überschreitet die Grenze und kommt zum Konsumenten.

Modus II: Der Konsument der Dienstleistung überschreitet die Grenze und kommt zum Erbringer.

Modus III: Der Erbringer der Dienstleistung (Unternehmen) gründet eine Niederlassung im Ausland.

Modus IV: Der Erbringer der Dienstleistung (Person) überschreitet die Grenze und kommt zum Konsumenten.

Ausnahmen unter dem GATS Abkommen sind:

- Positivlisten, die die Mitgliedsländer erstellen konnten, um einzelne Branchen aus dem Abkommen herauszuhalten und die Umsetzung des GATS dort zu verzögern,
- Staatliche Dienstleistungen und Luftverkehrsrecht.[360]

Zusammenfassend kann gesagt werden, dass die größten Nutznießer des GATS die Industrieländer sind und eine Umsetzung des Abkommens aufgrund der zahlreichen Ausnahmen sehr schwierig ist. Die Verlierer sind die Entwicklungsländer.

358 Vgl. Altmann, 2004, S.7.
359 Vgl. Altmann, 2004, S.8.
360 Vgl. Lindner, Altmann, 2005, S.25.

4.1.2.3 TRIPS

Das TRIPS (Agreement on Trade-Related Aspects of Intellectual Property Rights) war geschaffen worden, um geistiges Eigentum zu schützen, etwa von Künstlern, Software, Mikrochips.[361] Die gelegentlich verwendete Eingrenzung auf globales Patentrecht ist zu kurz, denn das TRIPS bezieht sich auf alle Formen geistigen Eigentums.[362] Dazu gehören Patente, Urheberrechte, Markenrechte und Warenzeichen, Geschmacksmuster, Layouts, geografische Herkunftsangaben, Betriebsgeheimnisse und Sortenschutzrechte für Pflanzen.[363] All diese Rechtssysteme erteilen ein zeitliches begrenztes Nutzungsmonopol, um die Entwicklungskosten zu amortisieren.[364]

Hierbei liegt auch schon der Problempunkt des Abkommens. Dieses Abkommen wurde auf Druck der Lobbyverbände großer Industriekonzerne von den entwickelten Staaten durchgesetzt, um deren Patente auf Medikamente vor Generika zu schützen.

„Entwicklungsländer fordern von den Entwickelten Ländern billige Medikamente gegen Epidemien wie Aids, Malaria, Tuberkulose oder SARS. Die meisten Entwicklungsländer sahen vor Abschluss des TRIPS Abkommens keinen Patentschutz für Medikamente vor. Deshalb haben diese nun auch keinen Zugang mehr zu diesen Medikamenten. Nach einem WTO Beschluss von 2003 sollen betroffenen Ländern im Fall eines Notstandes „Zwangslizenzen" auf bestimmte Medikamente erteilt werden, die dann als Generika produziert werden."[365] Allerdings sieht der TRIPS Vertrag vor, dass die entsprechenden Produktionen in den Ländern erfolgen müssen, in denen der Patentschutz aufgehoben wird.[366] Viele Entwicklungsländer können aber solche technisch aufwendigen Produktionen gar nicht selbst durchführen.[367] Einige Länder, wie Brasilien und Indien, haben daraufhin vorgeschlagen diese Medikamente für die ärmsten Länder zu produzieren.[368] Dies verstößt allerdings gegen die Regelungen des

---

361 Vgl. Altmann, 2004, S.12.
362 Vgl. Altmann, 2004, S.12.
363 Vgl. Altmann, 2004, S.12.
364 Vgl. Altmann, 2004, S.12.
365 Vgl. Altmann, 2004, S.13.
366 Vgl. Altmann, 2004, S.13.
367 Vgl. Altmann, 2004, S.13.
368 Vgl. Altmann, 2004, S.13.

TRIPS und ist somit nicht erlaubt.[369] Dies zeigt das Dilemma, in dem sich die bedürftigen Entwicklungsländer befinden. Nachfolgend ein Beispiel für die Einseitigkeit von TRIPS:

„Südafrika hat 1997 per Gesetz die Erzeugung von Generika und deren Import erlaubt und wurde daraufhin von 39 Pharmakonzernen verklagt. Erst nach heftigen Protesten und medialen Angriffen wurden die Klagen zurückgezogen. Im Dezember 2003 haben nun die Firmen Boehringer Ingelheim und GlaxoSmithKline der Produktion von Generika in Südafrika zugestimmt.“[370]

Die Verlierer dieses Abkommen sind somit auch wieder die ärmsten Länder.

4.1.3 COMESA

Regionalen Handelsabkommen sind als Ausnahme innerhalb der WTO zugelassen. Ihr Erfolg beruht zumeist auf handelsumlenkenden Effekten. Dies zeigt aber auch, dass der Handel innerhalb dieser Bündnisse stärker gefördert wird. Regionale Handelsabkommen sind somit erfolgreicher als die Handelsabkommen der WTO.

COMESA (Common Market for Eastern and Southern Africa) ist der Zusammenschluss von 20 Entwicklungsländern in Afrika und das größte regionale Handelsabkommen in SSA. Die COMESA wurde 1994 gegründet und ist eine Freihandelszone. Die Mitgliedsstaaten können sich nicht auf eine vollständige Absenkung der Zölle einigen, da viele Länder die Zölle als Haupteinnahmequelle sehen. Dies erschwert die ohnehin schwierige Zusammenarbeit. Die Besonderheit dieser Freihandelszone ist der Zusammenschluss von ausschließlich Entwicklungsländern.

Das BIP der COMESA Staaten nahm in 2006 um durchschnittlich 5,5%[371] zu. Der Intra COMESA-Handel nahm von 1999 bis 2005 von 2,507 Mrd. US$ auf 6,33 Mrd. US$ zu.[372] Dies entspricht einem Wachstum von 152,5%[373]. Hauptexportprodukte sind Agrargüter[374].

---

369 Vgl. Altmann, 2004, S.14.

370 Vgl. Altmann, 2004, S.14.

371 Vgl. COMESA Annual report, 2007, S.20.

372 Vgl. COMESA Annual report, 2007, S.41.

Der Extra COMESA-Handel wird von den nachfolgend beschriebenen Handelspräferenzprogrammen EBA (Everything but Arms) und AGOA (African Growth and Opportunity Act) bestimmt. Davon entfallen 42% auf das AGOA und 34% auf das EBA.[375]

4.1.4 Handelspräferenzmodelle

Mehrere entwickelte Länder bieten einen nichtreziproken bevorzugten Marktzugang an, der die Zölle auf die Güter der am wenigsten entwickelten Länder unter die Meistbegünstigungszölle senkt.[376] Die Handelspräferenzmodelle wurden dazu geschaffen, die Entwicklung der armen Länder und ihre Integration in das globale Handelssystem im Rahmen der WTO zu fördern. Die Export fördernde Wirkung der Präferenzen beruht zum Teil darauf, dass sie den Handel von Ländern, die nicht in den Genuss dieser Präferenzen kommen, umlenken. Dieser Wettbewerbsvorteil kann über mehr Investition, Beschäftigung und Wachstum zur Entwicklung der LCD beitragen. Zudem können die Präferenzen eine Diversifikation in Ländern anstoßen, die bislang ausschließlich Rohstoffe produzierten.[377]

Die beiden größten Modelle sind das EBA der Europäischen Union (EU) und das AGAO der USA.

EBA

Die EU-Außenminister haben 2001 beschlossen, den 50 am wenigsten entwickelten Ländern, Handelserleichterungen einzuräumen. Im Rahmen der so bezeichneten "Everything-But-Arms"- Regelung dürfen die ärmsten Länder alle Waren mit Ausnahme von Waffen zoll- und quotenfrei in den Gemeinschaftsmarkt einführen. Für eine solche Initiative spricht, dass immer noch erhebliche Handelsbarrieren gerade in jenen Sektoren existieren, in denen die ärmsten Entwicklungsländer komparative

---

373 Vgl. COMESA Annual report, 2007, S.41.

374 Vgl. COMESA Annual report, 2007, S.15.

375 Vgl. COMESA Annual report, 2007, S.13.

376 Vgl. Stiglitz, Charlton, 2006, S.189.

377 Vgl. Stiglitz, Charlton, 2006, S.190.

Kostenvorteile besitzen. Dies trifft vor allem auf den Textilsektor und in noch größerem Maße auf die Landwirtschaft zu. Es existiert demnach also erhebliches Integrationspotenzial, das durch den Abbau von Importbarrieren erschlossen werden könnte.

Der Beitrag der EBA-Initiative zur Erschließung dieses Integrationspotenzials dürfte jedoch begrenzt sein. Die Europäische Union ist - trotz EBA - noch weit von einem freien Handel mit den ärmsten Ländern entfernt. Auf der einen Seite gibt es für sensible Bereiche extrem lange Übergangsfristen. So soll z. B. die Marktöffnung für Zucker erst im Jahr 2009 erfolgen. Zwar ist vorgesehen, die LDC durch Duty-Free-Quoten zu „kompensieren", allerdings werden die Quoten auf der Basis historischer Handelsmuster verteilt. Damit werden bestehende Marktanteile zementiert und neue, möglicherweise effizientere Anbieter vom Marktzutritt abgehalten.[378]

Des Weiteren wird der EU-Handel mit Entwicklungsländern gerade in der Landwirtschaft massiv durch Produktions- und Exportsubventionen verzerrt. Die LDC sind dabei gleich doppelt betroffen, denn Agrarsubventionen verdrängen die Exporte jener Länder nicht nur auf dem Gemeinschaftsmarkt, sondern auch auf Drittmärkten, da überschüssige EU-Produktion häufig zu Dumpingpreisen exportiert wird. Schließlich behält sich die EU explizit die Möglichkeit vor, im Falle einer „Schädigung der europäischen Landwirte" von Instrumenten der kontingenten Protektion Gebrauch zu machen: Sofern also die Initiative wirklich erfolgreich ist und zu dem gewünschten kräftigen Exportwachstum führt (und damit europäische Produzenten „schädigt"), kann der Gemeinschaftsmarkt entweder durch Antidumping- oder Schutzklauselmaßnahmen nach Artikel VI bzw. XIX GATT-WTO abgeschottet werden[379].

So zum Beispiel der Zuckermarkt der EU. Dieser ist bis 2009 unter der EBA-Initiative abgeschottet. Die im Rahmen von EBA freigegebene Zuckermenge zum Import liegt bei 1% oder 3 Tagen des EU-Verbrauchs pro Jahr.[380] Seit der Einführung von EBA im Jahr 2001bis zum Jahr 2004 betragen die Verluste insgesamt 238 Mio. US$ für Äthiopien, Mosambik und Malawi.[381] Für 2003/2004 verlor Mosambik 38 Mio. US$ oder die gesamten Staatsausgaben für Landwirtschaft und ländliche Ent-

---

378 Vgl. Theuringer, 2001, S.1.

379 Vgl. Theuringer, 2001, S.1.

380 Vgl. Oxfam, 2004, S.3.

381 Vgl. Oxfam, 2004, S.3.

wicklung.[382] Äthiopiens Einbußen sind genauso hoch, wie die gesamten nationalen Ausgaben für Programme der HIV/AIDS Bekämpfung.[383] Malawis Einbußen von 32 Mio. US$ 2003/2004 sind größer als der staatliche Haushaltsansatz für die Basisgesundheitsversorgung.[384]

Die Gesamtexporte der LDC in die EU unter dem EBA-Programm nahmen 2001 um 9,6% zu, während der Anteil der EBA Exporte an den Gesamtexporten der LDC durchschnittlich nur 3% beträgt.[385] Diese Tatsache zeigt die relative Wirkungslosigkeit des Programms.

AGAO

AGAO wurde 2000 von den USA eingeführt, um die Länder südlich der Sahara in ihrer Entwicklung zu unterstützen. AGOA bietet Handelspräferenzen für den freien Handel mit den Vereinigten Staaten für bestimmte Waren, insbesondere den Ausbau der Leistungen nach dem Allgemeinen Präferenzsystem (APS). Das AGOA hat zu begrenzten Erfolgen in den betroffenen Ländern geführt. Zusätzlich zum Wachstum in der Textil- und Bekleidungsindustrie, haben einige AGOA-Länder begonnen, neue Produkte in die Vereinigten Staaten, wie Schnittblumen, Gartenbauprodukte, Automobile und Stahl zu exportieren. Nigeria und Angola sind die größten Exporteure unter AGOA aufgrund des starken Energiesektors (Rohöl).

Das Handelsvolumen stieg im Jahr 2007 unter dem AGAO um 15% auf 81,8 Mrd. US$[386] an. Dabei nahmen die Exporte in die AGAO-Länder um 19% auf 14,4 Mrd. US$[387] zu. Die Importe der USA aus den AGAO-Ländern nahm um 14% auf 67,4 Mrd. US$[388] zu. Der rasante Importanstieg ist dem schnell steigenden Rohölpreis zu verdanken. Ölprodukte machten 93%[389] der US-Importe unter AGOA aus. Der Han-

382 Vgl. Oxfam, 2004, S.3.
383 Vgl. Oxfam, 2004, S.3.
384 Vgl. Oxfam, 2004, S.3.
385 Vgl. Stiglitz, Charlton, 2006, S.198.
386 Vgl. US Trade Representative, 2007, S.32.
387 Vgl. US Trade Representative, 2007, S.32.
388 Vgl. US Trade Representative, 2007, S.32.
389 Vgl. US Trade Representative, 2007, S.32.

del mit Nichtrohölprodukten nahm um 7% auf 3,4 Mrd. US$[390] zu. Andere Rohstoffimporte legten um 34% auf 796,3 Mio. US$[391] zu. Der verstärkte Handel mit Rohstoffen, und hier insbesondere mit Erdöl, wird die Ressourcenabhängigkeit der Länder Afrikas unter dem AGOA mit all ihren Auswirkungen aus Kapitel 3.4 noch verstärken.

Die oben angeführten Handelspräferenzprogramme haben eine geringe Wirkung für die LDC Afrikas. Das AGOA-Programm sichert den USA vor allen Dingen den Zugriff auf die Rohölvorkommen Afrikas. Der Handel mit anderen Produkten spielt eine untergeordnete Rolle. Andere protektionistische Maßnahmen zur Aufrechterhaltung der US-Agrarindustrie wurden stattdessen eingeführt. Seit 2008 müssen die Länder des AGAO für Exporte von Bekleidung/Textilien ausnahmslos US-amerikanische Baumwolle verwenden.[392] Dies dürfte die Wirkungsweise des AGOA-Programms weiter einschränken.

Die EU hat mit dem EBA-Programm zwar einen Zugang für die LDC zum europäischen Markt geschaffen, gleichzeitig steht sie aber in uneinholbarer Konkurrenz auf dem Weltmarkt mit ihren subventionierten Agrarprodukten. Im Zug der EBA-Initiative kam es zu keiner nennenswerten Handelsausweitung und damit Besserstellung der LDC im internationalen Handel. Dies liegt unter anderem an den komplizierten Vorschriften (Ursprungsregeln), die genau festlegen, welcher Anteil an der Wertschöpfung eines Gutes innerhalb des Landes erstellt werden muss.[393] Die beiden Handelspräferenzprogramme der entwickelten Länder tragen zu keiner wesentlichen Verbesserung des Freihandels, abgesehen von Rohstoffen, für die Länder Afrikas bei.

Nachfolgend die Behandlung der Agrargütermärkte, die für die Menschen in Afrika besonders wichtig sind.

---

390 Vgl. US Trade Representative, 2007, S.32.
391 Vgl. US Trade Representative, 2007, S.32.
392 Vgl. Stiglitz, Charlton, 2006, S.317.
393 Vgl. Stiglitz, 2006, S.386.

4.1.5 Agrargütermärkte

Die Agrargütermärkte sind die Märkte, von denen die Entwicklungsländer direkt abhängig sind, da 70%[394] der Menschen in den Entwicklungsländern direkt oder indirekt von der Landwirtschaft abhängig sind. So arbeiten in Äthiopien 93%[395] und in Ruanda 90%[396] der Bevölkerung in der Landwirtschaft, während es in Nigeria nur 3%[397] sind. Die Agrarmärkte waren auch die Märkte, mit denen der Aufstieg Chinas und einiger anderer Staaten zu mehr Wachstum und Wohlstand begann. So stellte Martin Ravallion in einer Studie fest, dass das Wachstum des Agrarsektors Chinas Armutsquote viermal so stark gesenkt hat wie das Wachstum der Industrie und des Dienstleistungssektors.

Die 30 Mitglieder der OECD zahlen pro Jahr rund 320 Mrd. US$ zur Unterstützung ihrer Bauern.[398] Davon entfallen rund 115 Mrd. US$ auf die EU und 90 Mrd. US$ auf die USA.[399] Dieser Betrag entspricht etwa dem 6-Fachen der öffentlichen Entwicklungshilfe.[400] Werden diese Märkte nicht liberalisiert, so wird das Einkommen der Länder Afrikas insgesamt gedrückt.[401]

4.1.5.1 Hauptakteure auf den Agrargütermärkten

Die größten drei Exporteure von Agrargütern im Jahr 2007 sind:

Intra EU	379,08 Mrd. US$,
Extra EU	108,66 Mrd. US$,
USA	113,51 Mrd. US$,
Kanada	48,67 Mrd. US$.[402]

394 Vgl. Stiglitz, 2006, S.104.
395 Vgl. UNDP, Human Development Reports, 2007, S.1ff.
396 Vgl. UNDP, Human Development Reports, 2007, S.1ff.
397 Vgl. UNDP, Human Development Reports, 2007, S.1ff.
398 Vgl. Altmann, 2004, S.16.
399 Vgl. Altmann, 2004, S.16.
400 Vgl. Altmann, 2004, S.16.
401 Vgl. Stiglitz, 2006, S.104.
402 Vgl. WTO,Merchandise Trade by Product, 2007, S.51.

Die größten Exporteure zahlen auch gleichzeitig die höchsten Subventionen an ihre Erzeuger. Afrika exportiert für 34,3 Mrd. US$[403] Agrargüter.

Die drei größten Importeure von Agrargütern im Jahr 2007 sind:

Intra EU	379,08 Mrd. US$,
Extra EU	149,46 Mrd. US$,
USA	109,40 Mrd. US$,
Japan	68,86 Mrd. US$.[404]

Die größten Exporteure und Importeure sind alles OECD-Staaten und entwickelte Länder.

Durch die starke Stellung der entwickelten Länder im Agrarmarkt unterdrücken diese die Entwicklungsländer in ihrem wichtigsten Exportmarkt und verstärken die Abhängigkeit von den entwickelten Ländern. Die nachfolgende Grafik verdeutlicht dieses Problem. Als Gruppe treten die OECD-Länder als ein großer Exporteur gegenüber Ländern wie China, Indien, dem übrigen Südostasien sowie dem Nahen Osten und Nordafrika auf.[405] Länder und Regionen wie Indonesien, SSA und China sind in fast allen Produktbereichen auf die OECD-Länder als Exportmärkte angewiesen.[406]

---

403 Vgl. WTO,Merchandise Trade by Product, 2007, S.48.

404 Vgl. WTO,Merchandise Trade by Product, 2007, S.51.

405 Vgl. Stiglitz, Charlton, 2006, S.239.

406 Vgl. Stiglitz, Charlton, 2006, S.239.

	Anbauprodukte		Tiere und Fleisch		Andere Agrarprodukte	
	Exporte	Importe	Exporte	Importe	Exporte	Importe
China	52	76	60	85	55	44
Indonesien	78	58	69	95	27	44
Vietnam	13	56	74	82	24	40
ASEAN (4)	40	48	54	71	47	44
Indien	27	75	52	85	31	24
Übriges Südostasien	23	66	61	81	62	18
Argentinien	23	58	38	35	57	36
Brasilien	48	21	71	33	50	36
Übr. Lateinamerika	47	63	77	69	47	51
Ehem. Sowjetunion	37	23	50	80	48	63
Nahost/Nordafrika	43	66	73	80	66	60
Tansania	89	31	54	60	54	25
Sambia	86	7	69	93	65	43
Übriges Südafrika	63	49	77	82	69	62
Übrige Welt	62	73	59	66	62	61

Abbildung 14: OECD-Anteil am Handel der Entwicklungsländer (in Prozent)
Quelle: Stiglitz, Charlton[2006], S. 239

Viele Länder in Nordafrika und SSA sind auf Importe subventionierten Getreides, subventionierter Tiere, subventionierten Fleisches und subventionierter Ölsaat aus OECD-Ländern angewiesen.

Diese Abhängigkeit wird durch die Verzerrung aufgrund der Subventionen noch verstärkt.

4.1.5.2 Subventionen im Agrargütermarkt

In den Jahren 1986-1988 entsprachen die Agrarsubventionen 51 Prozent der gesamten Agrarproduktion der OECD.[407] 14 Jahre später, nach Umsetzung der Uruguay-Beschlüsse, betrugen sie mit 300 Mrd. US$ immer noch 48% der Agrarproduktion.[408] Als Beispiel für die Auswirkungen von Subventionen wird hier der Markt für Baum-

[407] Vgl. Stiglitz, Charlton, 2006, S.65.
[408] Vgl. Stiglitz, Charlton, 2006, S.65.

wolle betrachtet. Baumwolle ist ein wichtiges Exportgut für viele Staaten Westafrikas. Die USA subventionieren Baumwolle mit Abstand von allen Agrargütern auf ihren Anbauflächen am meisten.[409]

Die USA, zweitgrößter[410] Erzeuger und größter[411] Exporteur von Baumwolle, subventionieren jeden Morgen Ackerfläche (entspricht 4047m^2) mit 230 US$ oder 3,9 Mrd. US$ insgesamt.[412] Dies entspricht dem Fünffachen der Subventionen für Getreideflächen.[413] Die Subventionen erreichen,

- mehr als das BIP von Burkina Faso, ein Land, in dem mehr als 2 Mio. Menschen von der Baumwollproduktion abhängig sind, die Hälfte von ihnen lebt unterhalb der Armutsgrenze leben,[414]
- das Dreifache der Entwicklungshilfe der USA für ganz Afrika.[415]

Die Subventionen in den USA für Baumwolle werden auf die geringe Zahl von 25.000 Baumwollbauern verteilt. Der größte Empfänger von Baumwollsubventionen ist die Tyler Farm in Arkansas.[416] Diese erhielt in 2001 eine Subvention von 5.993.748 US$[417], dies entspricht dem Einkommen von 25.000[418] Menschen in Mali. Auch die EU subventioniert den Baumwollanbau in Spanien und Griechenland mit jährlich 695 Mio. €[419]. Die drei größten Geber von Baumwollsubventionen sind die USA, China und EU.[420]

Nun stellt sich natürlich die Frage, warum in den Entwickelten Ländern subventioniert wird?

Subventionen dienen dem Schutz inländischer Produzenten vor ausländischer Konkurrenz. In den entwickelten Ländern liegt die Zahl der Erwerbstätigen in der Land-

409 Vgl. Oxfam, 2002, S.33.
410 Vgl. Oxfam, 2002, S.29.
411 Vgl. Oxfam, 2002, S.29.
412 Vgl. Oxfam, 2002, S.2.
413 Vgl. Oxfam, 2002, S.2.
414 Vgl. Oxfam, 2002, S.2.
415 Vgl. Oxfam, 2002, S.2.
416 Vgl. Oxfam, 2002, S.24.
417 Vgl. Oxfam, 2002, S.24.
418 Vgl. Oxfam, 2002, S.24.
419 Vgl. WWF Deutschland, 2005, S.2.
420 Vgl. Oxfam, 2002, S.30.

wirtschaft bei ca. 2%. Diese Gruppe ist aber in der Regel gut organisiert und leistet einflussreiche und vor allem erfolgreiche Lobbyarbeit. Da die Produktionskosten für landwirtschaftliche Produkte in den entwickelten Ländern zumeist über denen in den Entwicklungsländern liegen, muss der Preis für die Produkte in den Ländern höher sein, oder die Landwirte müssen Produktionsbeihilfen erhalten, um überleben zu können Dieser Effekt kann mit folgenden Mitteln erreicht werden:

- Produktionssubventionen,
- Exportsubventionen.

Produktionssubventionen erhöhen das Einkommen des Produzenten. Der Preis des Gutes steigt um den Betrag LM. Das Unternehmen weitet seine Produktion aus (von F nach F`). Die Nachfrage bleibt gleich, da die Konsumenten weiterhin den Weltmarktpreis zahlen. Durch eine ausreichend starke Subventionierung kann aus dem Gut ein Exportgut werden, wenn der Schnittpunkt zwischen A und M rechts von I liegt.

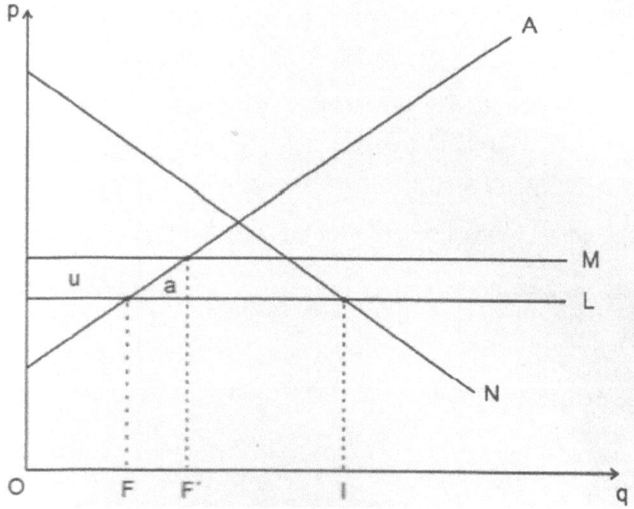

Abbildung 15: Produktionssubventionen im Importmarkt

Quelle: Siebert, Lorz[2006], S. 154

Die entwickelten Länder, insbesondere die USA, subventionieren ihre Baumwolle derart stark, dass ein Exportgut daraus wird und das Angebot auf dem Weltmarkt künstlich steigt.[421]

Sollten die Produktionssubventionen jedoch nicht ausreichen, um den Landwirten ein überleben zu ermöglichen oder die Überschüsse auf dem Weltmarkt zu verkaufen, so bleibt noch das Mittel der Exportsubvention. Eine Exportsubvention wird an ein Unternehmen gezahlt, wenn es ein zu subventionierendes Gut ins Ausland geliefert hat. Eine Exportsubvention hat die umgekehrte Wirkung auf Preise wie ein Zoll. Der Preis des Exportlandes steigt von P_W auf P_S. Weil jedoch der Preis des Importlandes von P_W auf P_{S*} sinkt, fällt die Preiserhöhung geringer aus als die Subvention. Eine Exportsubvention erhöht die Preise im Exportland und senkt sie im Importland.[422] Im Exportland leiden die Konsumenten, im Importland leiden die Produzenten.

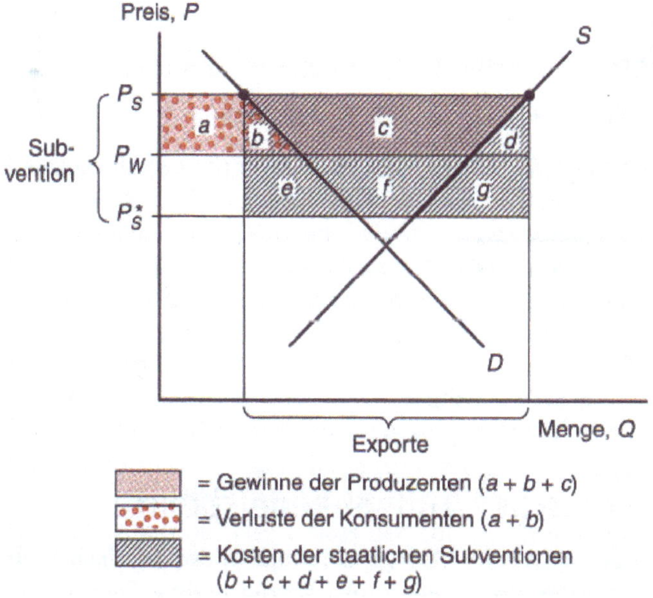

Abbildung 16: Auswirkungen einer Exportsubvention

Quelle: Krugman, Obstfeld[2006], S. 252

421 Vgl. Oxfam, 2002, S.30.

422 Vgl. Krugman, Obstfeld, 2006, S.252.

Wie wirken nun diese Subventionen auf den Markt und die beteiligten Länder Afrikas?

Die beiden oben genannten Subventionsmechanismen haben gemeinsam, dass sie den Weltmarktpreis drücken. Die Subventionen der USA für Baumwolle drücken den Weltmarktpreis um 15-26%.[423] Die Einnahmeverluste Afrikas werden auf 302 Mio. US$[424] jährlich geschätzt. Die Kosten der Staaten Westafrikas belaufen sich auf 191 Mio. US$[425]. Die untenstehende Tabelle verdeutlicht die Auswirkungen der Baumwollsubventionen der USA auf die afrikanischen Hersteller südlich der Sahara.

423 Vgl. Stiglitz, 2006, S.386.
424 Vgl. Stiglitz, 2006, S.386.
425 Vgl. Stiglitz, 2006, S.386.

Country	Actual cotton export earnings in 2001/02 ($m)	Export earnings with the withdrawal of US subsidies ($m)	Value lost as a result of US subsidies ($m)
Benin	124	157	33
Burkina Faso	105	133	28
Cameroon	81	102	21
Central African Rep.	9	11	2
Chad	63	79	16
Congo	3	4	1
Cote d'Ivoire	121	153	32
Ethiopia	18	23	5
Ghana	7	9	2
Guinea	13	16	3
Kenya	5	6	1
Madagascar	10	13	3
Malawi	6	8	2
Mali	161	204	43
Mozambique	23	29	6
Nigeria	55	69	14
Somalia	2	3	1
South Africa	17	21	4
Sudan	65	82	17
Tanzania	79	100	21
Togo	61	77	16
Uganda	18	23	5
Zambia	29	37	8
Zimbabwe	69	87	18
Total	1,144	1,446	302

Tabelle 6: Außenhandelsverluste infolge der US Subventionen in ausgewählten Ländern SSA

Quelle: Oxfam [2002], S. 31

In den westafrikanischen Entwicklungsländern, die zwar nicht zu den größten Produzenten gehören, die aber von der Produktion von Baumwolle und ihrem Verkauf abhängig sind, führen die Verluste durch amerikanische Subventionen zu einem Verlust von 1% und mehr des BIP.

- Burkina Faso verliert 1% des GDP und 12% der Exporteinnahmen,[426]
- Mali verliert 1,7% des GDP und 8% Exporteinnahmen,[427]
- Benin verliert 1,4% des GDP und 9% der Exporteinnahmen.[428]

Würden die Subventionen gestrichen, käme es zu einem Anstieg des Weltmarktpreises und zu einer Ausweitung der Produktion in den Ländern SSA, während die Produktion in den USA zurückgehen würde.

Am Beispiel der Baumwolle wurde deutlich, wie die Subventionen der entwickelten Staaten das Einkommen der Staaten Afrikas künstlich niedriger halten und die eigene Produktion geschützt und sogar ausgeweitet wird. Mit Subventionen im Agrarbereich werden Wachstum und Wohlstand in den Volkswirtschaften Afrikas verhindert.

4.1.5.3 Wohlstandsverluste durch die Abschottung des Agrarmarktes

Das Beispiel Baumwolle hat deutlich gezeigt, dass bei einer Liberalisierung des Agrarmarktes ein Wohlstandsgewinn von mindestens einer Partei erzielt werden sollte. Umgekehrt bedeutet dies, dass die Abschottung des Agrarmarktes den Ländern Afrikas und auch dem Rest der Welt Wohlstandsverluste und Wachstumseinbußen beschert hat.

Die durchschnittlichen Produktionsbeihilfen in den OECD-Staaten lagen bei 40% des bäuerlichen Einkommens.[429] Bei einem Abbau dieser Beihilfen würden die Produzenten Afrikas mit Einkommenssteigerungen rechnen können. Die Konsumenten in den Ländern Afrikas werden mit Einkommenseinbußen infolge der Preissteigerung für Agrargüter zurechtkommen müssen. Nachfolgend die jährlichen Wohlstandsgewinne aus einer 40%igen Agrarliberalisierung.

---

426 Vgl. Oxfam, 2002, S.3.
427 Vgl. Oxfam, 2002, S.3.
428 Vgl. Oxfam, 2002, S.3.
429 Vgl. Stiglitz, Charlton, 2006, S.236.

Region	Wohlstandsgewinne in Mrd. USD
Nordamerika	3.401
Westeuropa	36.959
Australien	1.786
Japan	12.552
China	172
Taiwan	265
Übrige Schwellenländer	2.672
Indonesien	6
Übriges Südostasien	1.931
Indien	1.058
Übriges Südasien	1.176
Brasilien	1.988
Übriges Lateinamerika	3.055
Türkei	338
Übriges Nahost/Nordafrika	-1.506
Übergangsökonomien	301
Südafrikanische Zollunion	129
Übriges Subsahara Afrika	436
Übrige Welt	2.601

Tabelle 7: Geschätzte Wohlstandsgewinne infolge einer 40%igen Liberalisierung im Agrarbereich

Quelle: Stiglitz, Charlton [2006], S. 285

Die gesamtem Wohlstandsgewinne einer nur 40%igen Liberalisierung in SSA belaufen sich nach dieser Studie von Hertel, Anderson und Francois auf 565 Mio. US$ jährlich oder 0,06% des GDP von SSA. Nordafrika kann nicht mit Wohlstandsgewinnen rechnen. Umgekehrt bedeutet dies, dass die Länder SSA stark unter der Abschottung des Agrarmarktes in den entwickelten Ländern zu leiden haben. Der Wohlstandsverlust Nordafrikas ist auf die hohe Abhängigkeit von Importgütern der Landwirtschaft in folge der klimatischen Bedingungen zurückzuführen.

Auch der Preis für die Agrargüter wird sich verändern. Die nachfolgende Tabelle gibt die Preisänderung bei einer 50%igen Kürzung der nationalen Beihilfen auf alle Agrarprodukte in allen industrialisierten Ländern an. Wie die Tabelle zeigt, wirken sich nationale Beihilfen am stärksten auf den Preis von Anbaugetreide (Weizen, Mais, Gerste, Reis) und wiederkäuendes Lebendvieh (Rind) aus. Die Preise steigen für diese Produkte. Zucker und Milchprodukte, die meistenteils durch Zölle geschützt sind, zeigen geringe Preisnachlässe.

Gütergruppe	Weltpreis-veränderung	Beitrag von Steuern/Zöllen zur Weltpreisveränderung			
		Ausstoß	Direkter Aufwand	Boden	Kapital
Reis	0,26	0,12	0,34	0,05	-0,23
Weizen	4,91	1,03	1,68	1,11	1,09
Anderes Korngetreide	5,5	1,42	1,79	1,02	1,27
Ölsaat	3,53	0,92	1,21	0,79	0,6
Rohzucker	-0,58	0,09	0,14	-0,33	-0,48
Übrige Feldfrüchte	-1,5	-0,01	-0,03	-0,69	-0,77
Wiederkäuer	4,3	0,48	0,95	-0,38	3,25
Nichtwiederkäuer	0,54	0,26	0,45	-0,14	-0,02
Rohmilch	0,21	0,14	0,81	-0,33	-0,4
Verarbeiteter Reis	0,27	0,13	0,12	0,06	-0,03
Pflanzliche Fette	0,97	0,2	0,34	0,24	0,2
Raffinierter Zucker	-0,06	0,05	0,06	-0,03	-0,15
Fleisch von Wiederkäuern	2,21	0,31	0,56	-0,11	1,44
Fleisch von Nichtwiederkäuern	0,43	0,17	0,28	-0,06	0,04
Milchprodukte	-0,19	0,14	0,36	-0,27	-0,43
Übrige verarbeitete Lebensmittel	0,22	0,06	0,11	0,07	-0,03
Fertigungsprodukte	0,12	0,01	0,0	0,1	0,01
Dienstleistungen	0,11	0,01	0,0	0,1	-0,01

Abbildung 17: Veränderte durchschnittliche Weltpreise infolge umfangreicher Beihilfen in OECD-Ländern (in Prozent)
Quelle: Stiglitz, Charlton [2006], S. 250

Die vorliegende Studie beweist, dass die Abschottung des Agrarmarktes in den entwickelten Ländern, sich preisdrückend, wachstumshemmend und wohlstandsverhindernd für die Länder in SSA auswirkt.

Wie sieht diese Entwicklung nun in den Fertigungsgütermärkten aus? Es folgt eine entsprechende Betrachtung.

4.1.6 Fertigungsgütermärkte

Der Handel mit Fertigungsgütern ist eine Domäne der Industriestaaten. Diese vereinten im Jahr 2007 70,6%[430] des weltweiten Handels mit Waren auf sich. Der Warenhandel nahm weltweit 2007 um durchschnittlich 7,5%[431] zu. Afrikas Warenhandel wuchs 2007 um 4,5% auf 422 Mrd. US$.[432]

Die Belastung des Handels mit Fertigungsgütern durch Handelshemmnisse hat in den letzen Jahren seit Einführung der WTO stetig abgenommen. Die Zollsätze sind auf ein moderates Niveau gesunken. Die Industriestaaten stehen mit dem Durchschnittszollsatz von 3,4% auf Fertigungsgüter zwar unter dem Niveau der Entwicklungsländer, dies zeigt aber eben nur den Durchschnittszollsatz.[433] Dabei werden von den entwickelten Ländern im Handel mit den Entwicklungsländern auch Spitzenzölle auf einzelne Produkte im Bereich verarbeitete Güter erhoben.[434] Wie steht es mit dem Handel innerhalb der Länder des Kontinents?

4.1.6.1 Verhinderter Handel zwischen den Ländern Afrikas

Die Zollbelastung im Süd-Süd-Handel zwischen den Entwicklungsländern ist mit durchschnittlich 12,8%[435] wesentlich höher als zwischen entwickelten und Entwicklungsländern. Der intraregionale Handel zwischen den Ländern Afrikas beträgt 2007 gerade einmal 10%[436] des Gesamthandels. Dies ist der niedrigste Wert weltweit.[437]

---

430 Vgl. WTO, World Trade Developments, 2007, S.1.

431 Vgl. WTO, World Trade Developments, 2007, S.1.

432 Vgl. WTO, World Trade Developments, 2007, S.1.

433 Vgl. Stiglitz, Charlton, 2006, S.280.

434 Vgl. Stiglitz, Charlton, 2006, S.65.

435 Vgl. Stiglitz, Charlton, 2006, S.281.

436 Vgl. WTO, World Trade Developments, 2007, S.2.

437 Vgl. WTO, World Trade Developments, 2007, S.2.

OECD		Asien/Pazifik		Süd-/ Mittelamerika		Naher Osten/ Nordafrika		Übriges Afrika	
Durchschnitt	0,37	Durchschnitt	3,42	Durchschnitt	2,36	Durchschnitt	3,48	Durchschnitt	5,39
Australien	0,65	Fidschi	4,95	Argentinien	0,70	Ägypten	3,59	Äthiopien	2,30
Belgien	0,52	Indien	2,76	Bahamas	8,32	Bahrain	2,79	Botswana	5,85
Dänemark	0,20	Indonesien	1,03	Bolivien	1,05	Iran	2,34	Burundi	2,51
Deutschland	0,21	Malaysia	3,04	Brasilien	0,46	Israel	0,19	Elfenbein-	
Finnland	0,23	Myanmar	0,89	Chile	2,20	Jordanien	7,74	küste	6,17
Frankreich	0,13	Nepal	3,00	Costa Rica	2,97	Kuwait	0,95	Kamerun	2,56
Griechenland	0,23	Papua-		Dominikan.		Marokko	4,27	Kongo, Dem.	
Groß-		Neuguinea	3,85	Republik	3,80	Oman	0,95	Republik	1,33
britannien	0,35	Philippinen	4,96	Ecuador	1,64	Pakistan	4,88	Gabun	4,47
Irland	0,51	Salomonen	11.43	El Salvador	2,12	Syrien	2,48	Gambia	8,76
Island	0,38	Singapur	0,35	Guatemala	1,87	Tunesien	8,14	Ghana	3,37
Italien	0,15	Sri Lanka	3,68	Kolumbien	1,43			Kenia	3,94
Japan	0,21	Südkorea	1,32	Nicaragua	5,25			Lesotho	32,27
Kanada	0,42	Thailand	3,15	Panama	2,62			Malawi	3,02
Mexiko	0,61			Paraguay	1,75			Mauritius	6,74
Neuseeland	0,92			Peru	1,54			Ruanda	3,22
Niederlande	0,59			Uruguay	0,96			Sambia	3,06
Norwegen	0,30			Venezuela	1,39			Senegal	4,81
Österreich	0,14							Sierra Leone	3,62
Portugal	0,28							Simbabwe	4,30
Schweden	0,27							Südafrika	0,18
Schweiz	0,33								
Spanien	0,19								
Türkei	0,76								
USA	0,27								

Abbildung 18: Zolleinnahmen ausgewählter Länder 1995 (in % des GDP)
Quelle: Charlton, Stiglitz[2006], S. 202

Der Grund hierfür liegt darin, dass afrikanische Länder am stärksten auf Zolleinnahmen angewiesen sind. Steuern auf den internationalen Handel machen bei den entwickelten Ländern rund 1% und bei den am wenigsten entwickelten Ländern rund 30% der staatlichen Einnahmen aus. Die Abbildung 18 zeigt, dass Änderungen bei den Zolleinnahmen infolge einer Handelsliberalisierung die Länder Afrikas unterschiedlich treffen könnten. Eine komplette Abschaffung der Zölle würde natürlich auch die Zolleinnahmen auf 0 bringen.[438] Die Länder Afrikas müssen ihr Steuersystem radikal ändern, um sich neue Einnahmequellen zu erschließen. Somit ist Afrika auch Täter bei der Verhinderung von Handel.

[438] Vgl. Stiglitz, Charlton, 2006, S.203.

4.1.6.2 Wohlstandsverluste durch die ausbleibende Fertigungsliberalisierung

Auch durch eine Liberalisierung der Fertigungsgütermärkte lassen sich Wohlstandsgewinne erzielen. Im Umkehrschluss bedeutet dies auch hier eine Verhinderung von Wachstum und Wohlstand unter den aktuellen Bedingungen.

	Gesamt-EV nach Experiment (Mio. USD)	
Region	Agrargüter	Fertigung
Nordamerika	3 401	3 310
Westeuropa	36 959	8 180
Australien/Neuseeland	1 786	207
Japan	12 552	6 607
China	172	22 593
Taiwan	265	3 288
Übrige Schwellenländer	2 672	5 270
Indonesien	6	792
Übriges Südostasien	1 931	2 631
Indien	1 058	3 084
Übriges Südasien	1 176	1 645
Brasilien	1 988	4 491
Übriges Lateinamerika	3 055	1 449
Türkei	338	619
Übriges Nahost/Nordafrika	−1 506	1 074
Übergangsökonomien	301	1 391
Südafrikanische Zollunion	129	283
Übriges Subsahara-Afrika	436	249
Übrige Welt	2 601	2 399
Welt	69 320	69 564

Abbildung 19: Geschätzte Wohlstands- und Effizienzgewinne infolge einer 40%igen Liberalisierung im Agrar- und Fertigungsbereich (in Mio. US$)
Quelle: Charlton, Stiglitz[2006], S. 285

SSA verliert durch die Abschottung der Fertigungsgütermärkte jährlich 532 Mio. US$ oder 0,06% des GDP. Die Länder SSA partizipieren von einer Liberalisierung der Fertigungsgüter ähnlich wie von der Liberalisierung des Agrarmarktes. Die Länder Nordafrikas partizipieren ungleich mehr von einer Liberalisierung der Fertigungsgütermärkte, als von der Agrarmarktliberalisierung. Andere Entwicklungsländer profitieren viel stärker von der Liberalisierung als Afrika. Dies liegt am Grad der Entwicklung dieser Länder. Die meisten Länder SSA sind LDC und müssen dementsprechend ihre Wirtschaft erst entwickeln und die entsprechenden Voraussetzungen (Frieden, Stabilität, etc.) schaffen.

Das Kapitel über Handelspolitik hat bewiesen, dass gerade im für Afrika wichtigen Agrarbereich die externen Faktoren, verursacht durch die Handelspartner in den entwickelten Ländern, eine erhebliche Rolle bei der Verhinderung von Wachstum und Entwicklung spielen. Im Bereich der Handelshemmnisse für Fertigungsgüter ist Afrika eher auf die eigene Tatkraft und Infrastruktur angewiesen, um die Handelshemmnisse abzubauen und wohlstandsfördernd einzusetzen. Es gibt aber noch andere externe Faktoren, die nachfolgend behandelt werden.

4.2 Afrika als Spielball der Industriestaaten

Afrika wird von wechselnden Interessen der entwickelten Welt heimgesucht. Bis 1989/1990 war es der Ost-West-Konflikt als politische Motivation und danach waren und sind es die Interessen an den üppigen Rohstoffvorkommen des Kontinents.

Die Unterstützung der jeweilige Interessenvertreter umfasst Hilfsgelder, Informationen, Logistik und Waffenlieferungen. Die Interessenvertreter sind in Afrika Regierungen oder Rebellengruppen. Bei Bedarf werden beide Parteien gegeneinander ausgespielt. Es werden dabei beide Gruppen von unterschiedlichen Lagern finanziert. Nicht selten, wie im Falle Angolas[439], werden auch verschiedene beteiligte Parteien von einem Geberland finanziert. Das Resultat der Unterstützung ist immer Krieg, ob nun, wie das selten der Fall ist, als zwischenstaatlicher Konflikt oder noch viel verheerender als Bürgerkrieg. Die Kosten eines solchen Krieges wurden in Kapitel 3.2.1 erläutert. Die Waffen und die Munition für diese Konflikte werden hauptsächlich von außerhalb Afrikas geliefert (siehe. Kapitel 3.2.3).

---

439 Vgl. Easterly, 2006, S.300.

4.2.1 Ost-West-Konflikt

Im Ost-West-Konflikt ging es den USA und der Sowjetunion um die Vorherrschaft der jeweiligen Doktrin und Weltanschauung sowie die Eindämmung des Herrschaftsbereiches des jeweils anderen. Zu diesem Zweck wurden Stellvertreterkriege rund um den Erdball und auch in Afrika geführt. Einige Beispiele hierfür sind Bürgerkriege in Angola, Mosambik und Äthiopien. Es wurden aber auch zwischenstaatliche Kriege angezettelt. So überfiel das amerikanisch unterstütze Somalia 1978 Äthiopien, das im Jahr 1974 die Sozialistische Republik ausgerufen hatte und von der Sowjetunion unterstützt wurde.

Zugleich gab der Ost-West-Konflikt den afrikanischen Herrschern aber auch die Möglichkeit, eine Schaukelpolitik zwischen den Blöcken zu betreiben, um möglichst viel Geld oder günstige Handelsverträge zu bekommen.

Die Bürgerkriege im Ost-West-Konflikt forderten Afrika einen hohen Tribut ab. Das Wachstum lag während dieser Zeit in SSA bei nur 0,7%[440].

4.2.2 Kriege um Rohstoffe

Nach dem Ende des Ost-West-Konfliktes 1989/1990 ging die Unterstützung von Interessengruppen nahtlos weiter. Diesmal mit dem Primärziel der Sicherung von Rohstoffvorkommen.

Ein bekanntes Beispiel für die Interessen der entwickelten Welt ist der Sudan. Seit 1994 hat sich das Pro-Kopf-Einkommen aufgrund der Erdölförderung gesteigert.[441] Die Ölvorkommen Sudans liegen im Süden des Landes am Gazellenfluss und ihr Umfang soll mit dem Ölreichtums Nigerias vergleichbar sein.[442] Zuerst waren dort die Amerikaner mit Chevron im Rennen.[443] Als die USA mit dem Krieg gegen den internationalen Terror begannen und das islamistische Regime von Khartum mithilfe der CIA (Central Intelligence Agency) und der ugandischen Armee bekämpften, lie-

---

440 Vgl. worldbank, 50 Factoids about Sub Sahara African, 2007, S.1ff.

441 Vgl. Easterly, 2006, S.280.

442 Vgl. Scholl Latour, 2001, S.188.

443 Vgl. Scholl Latour, 2001, S.188.

ßen sie ihre Interessen von der kanadischen Tarnfirma Talisman vertreten.[444] Als neuer Gegenspieler nach dem Ende Ost-West-Konfliktes trat nun China auf, das zusammen mit Malaysia den Bau einer Pipeline bis Port Sudan in Rekordzeit fertig stellte.[445] Das Land befindet sich seit 1983 in verschiedenen Bürgerkriegen mit 2 Mio.[446] Toten bis 2003 und 400.000[447] Toten bis heute. Die USA unterstützten das Regime im Norden von 1983-1993 mit 1,5 Mrd. US$[448] und die Weltbank mit 800 Mio. US$[449]. Während der ganzen Zeit von 1960-2002 flossen 23 Mrd. US$[450] an internationalen Hilfsgeldern ungeachtet der innenpolitischen Zustände im Land. Nun möchten die USA an dem Ölreichtum des Landes ebenso teilhaben wie die Franzosen und die Chinesen.

Ein anderes Beispiel ist der Bürgerkrieg in Liberia. Dort griff das benachbarte Guinea mithilfe seiner Armee in den Bürgerkrieg ein und besetzte die Nimba-Berge mit ihren reichhaltigen Eisenerzvorkommen.[451] Dies geschah auf Ermunterung der USA.[452]

In Sierra Leone wurden die Blutdiamanten zum internationalen Begriff. Die Weltöffentlichkeit schaute dem Bürgerkrieg lange Zeit nur unbeteiligt zu. Als dann die RUF (Revolutionary United Front) unter General Sankoh den Osten Landes mit den wichtigsten Minen besetzte, wurden internationale Söldnerfirmen engagiert um diese freizukämpfen.[453] In den Jahren 1994-1999 tummelte sich dort eine Reihe dieser Organisationen aus den USA, Großbritannien oder Israel, um die Interessen der westlichen Welt und deren Kapital durchzusetzen. Bezahlt wurde der Krieg, trotz internationaler Sanktionen mit den Diamanten aus den Minen des Landes.[454]

Die Aktivitäten der entwickelten Welt zur Unterstützung von Bürgerkriegsgegnern ermöglichten es erst, diese Kriege so lange und verheerend zu führen. Da Afrika aber als wichtiger Rohstofflieferant auftritt, werden die schmutzigen Geschäfte wohl wei-

---

444 Vgl. Scholl Latour, 2001, S.188.
445 Vgl. Scholl Latour, 2001, S.189.
446 Vgl. Easterly, 2006, S.277.
447 Vgl. Easterly, 2006, S.278.
448 Vgl. Easterly, 2006, S.278.
449 Vgl. Easterly, 2006, S.278.
450 Vgl. Easterly, 2006, S.280.
451 Vgl. Scholl Latour, 2001, S.422.
452 Vgl. Scholl Latour, 2001, S.422.
453 Vgl. Scholl Latour, 2001, S.492.
454 Vgl. Scholl Latour, 2001, S.495.

tergehen, denn die neuen Kontrahenten um die begrenzten Ressourcen werden das Feld nicht einfach kampflos räumen, wie der Ost-West-Konflikt dies über Jahrzehnte gezeigt hat. Der Unterstützung eines bewaffneten Konfliktes können sich die Rebellenführer fasst immer sicher sein. So sagt Laurent Kabila, der mit seinen Truppen durch Zaire zog, um die Staatsgewalt an sich zu reißen: „Man brauche lediglich 10.000$ und ein Satellitentelefon.“ [455] Das Geld ist für den Aufbau einer Armee und das Telefon für die Verabredung von Minenkonzessionen mit internationalen Konzernen.[456]

Nicht nur Staaten und Unternehmen missbrauchen ihre Machtfülle zur Zielerreichung, auch globale Institutionen werden dafür benutzt.

4.2.3 Die Rolle globaler Institutionen

Bei der Finanzierung der jeweiligen Interessenvertreter werden auch Institutionen wie IWF (Internationaler Währungsfonds) und Weltbank benutzt. So werden die Hilfsgelder von IWF und Weltbank in erster Linie an die Regierungen der Empfängerländer ausgezahlt.[457] Dabei hat der IWF die Berücksichtigung innenpolitischer Verhältnisse bei der Vergabe von Krediten zu unterlassen.[458] So hatten es die Verfasser der ursprünglichen Chartas von IWF und Weltbank – allen voran die USA und Großbritannien – beschlossen.[459] Auch wird die Entwicklungshilfe als politische Belohnung von Bündnispartnern eingesetzt.[460] Korrupte Regierungen und undemokratische Regierungschefs erhalten bei der Vergabe von Hilfsgeldern am meisten, ungeachtet ihrer Gesinnung.[461] Teilweise erhalten solche Staaten sogar mehr Unterstützung.[462] Die politische Motivation der Geberländer ist auch hier erkennbar. Dabei sollte Geberlän-

455 Vgl. Collier, 2008, S.38.
456 Vgl. Collier, 2008, S.38.
457 Vgl. Easterly, 2006, S.123.
458 Vgl. Easterly, 2006, S.136.
459 Vgl. Easterly, 2006, S.123.
460 Vgl. Easterly, 2006, S.123.
461 Vgl. Easterly, 2006, S.124.
462 Vgl. Easterly, 2006, S.124.

dern bekannt sein, dass Entwicklungshilfe tatsächlich Demokratie verringert und Regierungen korrumpiert.[463]

Die Staaten Afrikas wurden zum Spielball der entwickelten Welt mit der Folge, dass Kriege geführt wurden und undemokratische Staatschefs mehr Entwicklungshilfe erhielten als demokratischere Regierungen. Die Ursache hierfür sind der Abbau der Rohstoffe und die geopolitische Interessenvertretung der entwickelten Welt. Die Kosten für Kriege und scheiternde Staaten wurden bei den internen Ursachen schon erwähnt. Es ist hier eine Verflechtung von internen und externen Ursachen zu erkennen, da sich die Staaten und Regierungen von außerhalb des Kontinents stark in die inneren Angelegenheiten der Länder Afrikas eingemischt haben, wenn es ihren Interessen entsprach. Die Rolle der Entwicklungshilfe hierbei wird nachfolgend behandelt.

4.3 Entwicklungshilfe

Die Entwicklungshilfe wird von vielen Seiten betrachtet und bewertet. Die politisch rechte Seite der Gesellschaft klagt die Verschwendung der Hilfe an, während die Linken die Entwicklungshilfe aufstocken wollen, um den Armen noch besser zu helfen. Aber welche Rolle spielt die Entwicklungshilfe in den Ländern Afrikas nun wirklich? Dies wird nachfolgend untersucht.

4.3.1 Geschichte und Aufgabe der Entwicklungshilfe

In der entwicklungstheoretischen Literatur lässt sich eine Vielzahl von Definitionen von „Entwicklung" finden, es hat sich aber bis heute keine prägnante Definition von Entwicklung durchsetzen können. In lexikalischen Werken wird sich dem Begriff Entwicklung häufig mit Schlagworten, wie „Wachstum", „fortschrittlicher" oder „stärker" angenähert. Dabei liegt der Schwerpunkt in vielen Fällen auf der Kompo-

---

[463] Vgl. Easterly, 2006, S.127.

nente „Wachstum“ im Sinne eines ansteigenden Bruttoinlandsprodukts, einer Steigerung des realen Pro-Kopf-Einkommens[464] oder auch der Industrialisierung, möglichst mit Schwerindustrie.[465] Demnach ist auch die Beseitigung der absoluten Armut, d.h., die Sicherung eines materiellen Mindeststandards für die Menschheit, eine notwendige Bedingung für nachhaltige Entwicklung und primäres Ziel der Entwicklungszusammenarbeit.[466]

Die Entwicklung wurde erstmals im Rahmen von Trumans „Point Four Programme“ als Aufgabe der entwickelten westlichen Welt explizit formuliert.[467] Die Auffassung, dass ebendies eine Aufgabe der Industrienationen sei und auch innerhalb ihrer Möglichkeiten läge, entstand vor allem vor dem Hintergrund des außerordentlich erfolgreichen Marshallplans zum Wiederaufbau des im Zweiten Weltkrieg zerstörten Europas.[468] Von April 1948 bis Ende 1952 stellten die USA den westeuropäischen Ländern rund 13,9 Mrd. US$ zur Verfügung.[469] Westeuropa entwickelte sich rasch und leistete den Wiederaufbau, verbunden mit einem ökonomischen Erfolg. Afrika erhält jährlich 18Mrd. US$[470] an Entwicklungshilfe, ein Vielfaches der Hilfeleistung des Marshallplans und hat die Wende hin zu Entwicklung und ökonomischem Erfolg noch nicht vollzogen. Was sind die Ursachen hierfür? In Europa trafen die Hilfen auf eine Gesellschaft mit einer hohen Entwicklungsstufe, welche durch den Zweiten Weltkrieg zerstört wurde. In Afrika hingegen traf und trifft die Hilfe auf Gesellschaften, die in kultureller, sozialer, ökonomischer und institutioneller Hinsicht nicht den Entwicklungsstand Europas aufweisen können und konnten.

Die Grundüberlegung der Entwicklungshilfe war das 2-Lückenmodell, beruhend auf der gesamtwirtschaftlichen Angebots–Nachfrage-Situation. Die Gleichung lautet:

$$(M\text{-}X) = (I\text{-}S) \text{ oder (Importe - Exporte) = (Investition - Sparen)}$$

---

[464] Vgl. Huber, 1975, S.27.

[465] Vgl. Schoeck, 1972, S.8.

[466] Vgl. Braun, 1994, S.109.

[467] Vgl. Schmidt, 2004, S.8.

[468] Vgl. Omer, 2002, S.4.

[469] Vgl. Lachmann, 1999, S.116.

[470] Vgl. Oxfam, 2007, S.3.

Als Entwicklungshemmnisse in den Entwicklungsländern wurden dann zwei Lücken identifiziert, die Devisen und Ersparnislücke.[471] Die Devisenlücke entsteht dabei durch die für die heimische Produktion und Investition notwendigen Importe, die die Exporteinnahmen überschreiten.[472] Die Ersparnislücke, durch die für notwendige Investitionen nicht ausreichenden heimischen Ersparnisse.[473] Nach der Identifikation der Lücken wurde von den Bürgern der entwickelten Länder Realkonsumverzicht zugunsten der Entwicklungsländer gefordert.[474] Diese stellen ihre ersparten Ressourcen den Entwicklungsländern als Entwicklungshilfe in Form von Krediten und Transferleistungen direkt oder indirekt zur Verfügung.[475]

Dies ist die ökonomische Aufgabe der Entwicklungshilfe. Welche Motive haben die Geberländer noch, den Ländern Afrikas Entwicklungshilfe zu gewähren?

4.3.2 Motive für die Vergabe von Entwicklungshilfe

Die Entwicklungshilfe wird sowohl von privaten Hilfsorganisationen, Staaten und Regierungen als auch von globalen Institutionen (IWF, Weltbank) an die Länder Afrikas in Form von Krediten, Transferleistungen, technischer und humanitärer Hilfe vergeben.

Für die Rechtfertigung der Vergabe von Entwicklungshilfe gibt es viele Motive. Nachfolgend eine Aufzählung.

Erhöhung der Weltwohlfahrt

Ein Hauptgrund für die Bürger in den Geberländern ist das Bedürfnis, den Menschen in den Entwicklungsländern zu helfen. Sie erhöhen durch die Entwicklungshilfe den eigenen Nutzen, da der altruistische Akt des Spendens sowie die Verbesserung der wirtschaftlichen Lage der Armen bei ihnen ein Glücksgefühl verursacht.[476] Der Nut-

---

471 Vgl. Schmidt, 2004, S.9.
472 Vgl. Schmidt, 2004, S.9.
473 Vgl. Schmidt, 2004, S.9.
474 Vgl. Lachmann, 1999, S.1.
475 Vgl. Lachmann, 1999, S.1.
476 Vgl. Lachmann, 1999, S.8.

zengewinn der Mitfreude am höheren Konsum der Armen übersteigt dabei den Nutzenverlust, der durch den eigenen Konsumverlust entstand.[477]

Ökonomische Interessen der Geber

Freihandel erhöht die Wohlfahrt in den beteiligten Staaten (siehe Kapitel 4.1). Durch eine Verbesserung der Produktionsmöglichkeiten und der Steigerung des Einkommens in den Ländern Afrikas entstehen dort wichtige Absatzmärkte. Dies schafft eine zusätzliche Nachfrage für die heimische Exportindustrie. Die Sicherung der Beschaffungsmärkte für Rohstoffe wurde schon in Kapitel 3.4 angesprochen. Ein anderer wichtiger Aspekt ist der wachsende Zustrom von Wirtschaftsflüchtlingen aus den Ländern Afrikas, wenn sich deren wirtschaftliche Lage nicht verbessert.

Politische Interessen der Geber

Die innenpolitische Einflussnahme der Geberländer, besonders in den Ländern Afrikas, durch die Unterstützung einer oder mehrerer Parteien in Bürgerkriegen wurde im Kapitel 4.2 besprochen. Geberländer versuchen durch die Entwicklungshilfe auch auf die Außenpolitik der Nehmerländer Einfluss auszuüben, z.B. auf das Wahlverhalten bei UN-Abstimmungen.[478] Auch die geostrategische Lage der Länder Afrikas spielt bei der Vergabe von Entwicklungshilfe eine Rolle.

Religiöse Argumente

Christliche Staaten der entwickelten Welt sehen die Armutsbekämpfung als eine allgemeine menschliche Aufgabe an. Wer in der Lage ist zu geben, sollte auch die Bereitschaft haben, Opfer zu bringen, um menschliche Not zu lindern.[479]

Die oben genannten Motive für die Vergabe der Entwicklungshilfe sind zum Teil gegensätzlicher Natur. Bei der Vergabe und Verwendung können Zielkonflikte entstehen.

---

477 Vgl. Lachmann, 1999, S.8.
478 Vgl. Lachmann, 1999, S.10.
479 Vgl. Lachmann, 1999, S.15.

Wie wirkt nun die Entwicklungshilfe in Afrika? Dies wird nachfolgend behandelt.

4.3.3 Wirkung der Entwicklungshilfe in Afrika

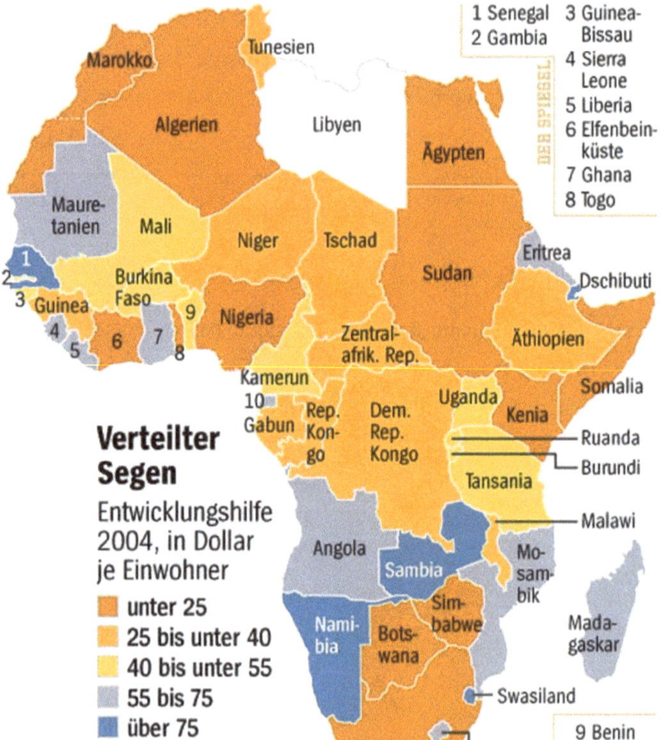

Abbildung 20: Verteilter Segen, Entwicklungshilfe 2004, in US$ je Einwohner

Quelle: http://www.spiegel.de/politik/ausland/0,1518,grossbild-991371-510917,00.html

Afrika erhielt 18Mrd. US$[480] jährlich an Entwicklungshilfe. Ihre unterschiedliche Verteilung auf die einzelnen Staaten ist in Abbildung 20 dargestellt. Ein typisches afrikanisches Land bezog in den 90er-Jahren über 15 % seines Einkommens in Form von Hilfe aus dem Ausland.[481] Die Entwicklungshilfe nahm dabei seit den 70er-Jahren mit sinkenden Wachstumsraten zu (siehe Abbildung 21). Das Wachstum in Afrika hat in den 10 Jahren bis 1975 bei moderaten Hilfszahlungen bei beachtlichen 2% gelegen.[482] Nach einer Studie von Michael Clemens, Steven Radelet und Rikhil Bhavani ist der Grenznutzen der Entwicklungshilfe bei 8% des GDP gleich null.[483] Danach zeigten zusätzliche Leistungen sogar einen negativen Effekt auf das Wachstum.[484] Wenn nun ein durchschnittliches Land in Afrika seit Beginn der 80er-Jahre mehr als 8% seines Einkommens von Entwicklungshilfe bestritt (siehe Abbildung 21), war dieses Mehr an Hilfe ohne Nutzen und die zusätzlichen Leistungen wirkten sogar negativ auf das Wachstum.

Woran liegt der schwindende Grenznutzen der Entwicklungshilfe? Hohe Hilfszahlungen an Nationalregierungen kommen häufig politischen Insidern zugute, die korrupt sind und demokratische Prozesse, die zu einer gerechteren Verteilung der Hilfe führen würden, nach Kräften bekämpfen.[485] So schafft mehr Hilfe mehr Bürokratie in den Empfängerländern, die Korruption fördert und Gesetzesbrecher weniger bestraft.[486] Hilfsgelder wirken sich negativ auf die Qualität des Regierungshandelns aus.[487] Entwicklungshilfe wirkt dabei ähnlich auf die Entwicklung wie Ressourcen. Bei hohen Devisenzuflüssen kommt es zur Bildung der Holländischen Krankheit (siehe Kapitel 3.4.2) mit Kapitalfehlallokationen und der Unterdrückung der Wettbewerbsfähigkeit der heimischen Wirtschaft. Simeon Djankov, Jose Montalvo und Marta Reynal-Querol kamen in einer Studie zu dem Schluss, dass hohe Hilfsleistungen von 1960-1999 die Demokratieentwicklung zurückwarfen.[488] Nach ihren Forschungsergebnissen ist die Entwicklungshilfe sogar noch eine größere Gefahr für die Demo-

---

480 Vgl. Oxfam, 2007, S.3.
481 Vgl. Easterly, 2006, S.56.
482 Vgl. Easterly, 2006, S.56.
483 Vgl. Easterly, 2006, S.62.
484 Vgl. Easterly, 2006, S.62.
485 Vgl. Easterly, 2006, S.127.
486 Vgl. Easterly, 2006, S.127.
487 Vgl. Easterly, 2006, S.127.
488 Vgl. Easterly, 2006, S.127.

kratie als der eigene Ölreichtum.[489] Das Pro-Kopf-Einkommen steigt bekanntlich mit steigendem Demokratieniveau (siehe Abbildung 9).

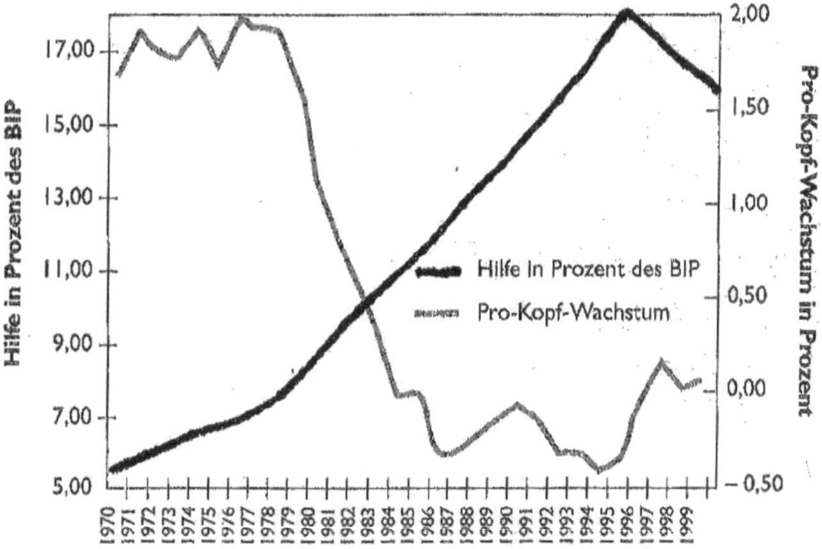

Abbildung 21: Hilfe und Wachstum in Afrika (gleitender 10-Jahresdurchschnitt)
Quelle: Easterly[2006], S. 56

Collier und Hoefler schätzen, dass etwa 40%[490] der Militärausgaben in Afrika ungewollt von der Entwicklungshilfe finanziert werden. Auch Staatsstreiche werden durch die Entwicklungshilfe bestärkt.[491] Die Entwicklungshilfe floss in Postkonfliktstaaten bis zum Jahr 2000 unter falschen Gesichtspunkten. Entwicklungshilfe fließt in den ersten Jahren nach Beendigung des Konfliktes reichlich, dann versiegt sie rasch.[492] Aber in einem typischen Land nach einem Konflikt sind Regierungsführung, Institutionen und Wirtschaftspolitik zunächst wirklich sehr schlecht.[493] Es dauert einige Zeit, sie so weit zu verbessern, dass Entwicklungshilfe viel nützen kann.[494] Wie in

[489] Vgl. Easterly, 2006, S.127.
[490] Vgl. Collier, 2008, S.136.
[491] Vgl. Collier, 2008, S.138.
[492] Vgl. Collier, 2008, S.139.
[493] Vgl. Collier, 2008, S.139.
[494] Vgl. Collier, 2008, S.139.

Kapitel 3.2.2 beschrieben, fallen 50% der Länder nach einem Bürgerkrieg innerhalb der nächsten 10 Jahre wieder in einen neuen Bürgerkrieg zurück. Die falsche Vergabepraxis der Entwicklungshilfe ist eine Ursache dafür.

Der Ausbau der Infrastruktur in den Ländern Afrikas wurde in den 90er-Jahren vernachlässigt.[495] Der Grund dafür ist der übertriebene Glaube, dass der Privatsektor die Infrastruktur finanzieren werde.[496] Dies geschah auch, weil es wachsenden Druck gab, die Entwicklungshilfe für fotogene Projekte, wie Bildung und Gesundheit auszugeben.[497] Der mangelnde Ausbau der Infrastruktur und seine Folgen wurden in Kapitel 3.2.2 behandelt. Afrikas Anschluss an die globalisierte Welt wurde mit dieser Fehlentscheidung leichtfertig verspielt. Auch wurden regionale Transportkorridore vernachlässigt, indem fast alle Hilfsprogramme nach Ländern getrennt organisiert wurden.[498] Dieser Umstand hat LLDC den Zugang zum Meer nicht erleichtert.

Entwicklungshilfe wurde an die Länder und Regierungen Afrikas unter Anknüpfung an Bedingungen ausgezahlt. Diese mussten nur allzu häufig leider nicht erfüllt werden, um mehrmals mit dem gleichen Anliegen vorstellig zu werden und erneut Geld ausgezahlt zu bekommen, z.B. Kenia[499].

Die Abhängigkeit bei der Verwendung der Entwicklungshilfe vom Geber war und ist sehr hoch. So müssen die Länder Afrikas unter dem AGOA Baumwolle aus den USA verwenden, um daraus Textilien herzustellen. In anderen Fällen müssen die Nehmerländer die so genannte Lieferbindung akzeptieren. Diese wird insbesondere von zahlungsbilanzschwachen Geberländern gerne in Anspruch genommen, um durch eine Bindung der Hilfeleistung an den Einkauf von Ausrüstungen, Transportleistungen und technischer Beratung im eigenen Land die Belastung der Zahlungsbilanz zu vermindern und der Arbeitslosigkeit zu begegnen.[500] Durch eine solche Lieferbindung wird allerdings die Wirkung der Hilfe auf die Entwicklung im Empfängerland vermindert, da sie es dem Geberland ermöglicht, seine Leistungen im Empfängerland abzusetzen, auch bei einer Preissetzung über dem Weltmarktpreis, da es durch die

---

495 Vgl. Collier, 2008, S.141.
496 Vgl. Collier, 2008, S.141.
497 Vgl. Collier, 2008, S.142.
498 Vgl. Collier, 2008, S.142.
499 Vgl. Collier, 2008, S.143.
500 Vgl. Lachmann, 1999, S.63.

Lieferbindung zur Abnahme verpflichtet ist.[501] Dies kommt für das Empfängerland einem Effizienzverlust aufgrund des Überteuerungseffektes gleich. Im schlimmsten Fall kann diese Ausschaltung des Wettbewerbs sogar dazu führen, dass Güter, die im Empfängerland selbst oder aber in anderen Entwicklungsländern günstiger hergestellt werden können, dennoch aus dem entsprechenden Geberland importiert werden.[502] Dadurch wird der betroffene Wirtschaftszweig im Empfängerland geschädigt und der Haushalt des Nehmerlandes zu stark beansprucht. Aus den genannten Gründen ist die Lieferbindung dem Entwicklungserfolg von Hilfsleistungen äußerst abträglich.

Entwicklungshilfe wirkt ab einer bestimmten Höhe kontraproduktiv auf das Wachstum Afrikas und verschlechtert durch die Vergabepraxis die Wettbewerbsfähigkeit des Nehmerlandes. Auch die mangelnde Demokratisierung eines Landes spielte keine Rolle bei der Vergabe. So wurden undemokratische Systeme noch unterstützt, anstatt sie zu Veränderungen zu zwingen. Die Entwicklungshilfe kann demnach nicht als Allheilmittel zur Bekämpfung von Armut angesehen werden.

4.4 Zwischenfazit

Die externen Faktoren wirken wachstumshemmend. Dabei spielen Handelsbarrieren und Subventionen eine große Rolle. Diese verursachen hohe Kosten in den Ländern Afrikas durch ausbleibenden Handel, sowohl mit den Industriestaaten als auch untereinander. Hohe Zölle im Süd-Süd-Handel der Länder Afrikas untereinander, erschweren den Zugang zum Fertigungsgütermarkt für diese Länder. Diese sind aber auf die Zölle als Einnahmequelle im Staatshaushalt angewiesen. Eine Zwickmühle tut sich hier auf. Die Handelspräferenzmodelle der Industriestaaten halten nicht, was sie versprechen und dienen vorrangig dem Zugriff auf die Rohstoffe Afrikas. Die Modelle erhöhen die Abhängigkeit Afrikas von Rohstoffexporten. Die Industriestaaten benutzen Afrika als Spielball für ihre Interessen unter Ausnutzung globaler Institutionen. Bis 1990 war es der Ost-West-Konflikt, nun ist es der Krieg um Rohstoffe. In beiden Fällen wurden Konflikte von den Industriestaaten angefacht und/oder unterstützt. Die Entwicklungshilfe selbst wirkt kontraproduktiv, da sie einen Wert von 8% der Ein-

---

501 Vgl. Schmidt, 2004, S.14.
502 Vgl. Schmidt, 2004, S.14.

nahmen der Länder Afrikas überschreitet. Sie erhöht somit die Abhängigkeit der Länder und indirekt wird der Militärhaushalt der Länder finanziert. All diese Aspekte wirken nicht positiv auf das Wachstum der Länder Afrikas und haben SSA in die aktuelle Situation begleitet.

5 Zusammenfassung

In der vorliegenden Arbeit wurde der Frage „**Warum sind die meisten Staaten Afrikas nach 40 Jahren Entwicklungshilfe Sanierungsfälle?**" nachgegangen. Die Gründe für die aktuelle Situation Afrikas wurden detailliert dargelegt. Die meisten Länder Afrikas sind heute Sanierungsfälle. 34 der 50 LDC sind in Afrika südlich der Sahara beheimatet. Dies wurde durch interne und externe Aspekte verursacht. Die größte Rolle spielen dabei die Konflikte und Kriege sowie eine schlechte Regierungsführung und Korruption. Die Konflikte und Kriege wurden und werden durch die entwickelte Welt mit verursacht, unterstützt oder sogar ausgelöst. Dabei sind die Rohstoffe und die vorherrschenden Doktrinen im Ost-West-Konflikt die beherrschenden Themen dieser Konflikte in den letzten 40 Jahren gewesen. Die entwickelte Welt, früher in Form der Kolonialmächte und heute in Form von Handelspartnern, politischen Beratern, tonangebenden Mächten der globalen Institutionen und Gebern von Entwicklungshilfe, ist durch verschiedene Faktoren mit dem Schicksal Afrikas verwoben. Viele der internen Ursachen werden von externen Ursachen begünstigt. So sind ethnische Ursachen, Konflikte und Kriege, Ressourcen und Korruption direkte und indirekte Folgen des Umgangs der entwickelten Länder mit den Staaten Afrikas. Aber auch Afrika selbst leistet seinen Teil, um die Entwicklung nicht voranzubringen. Durch die mangelnde demokratische Ausbildung der Regierungsformen und die Unfähigkeit Konflikte demokratisch auszutragen, ist es mit seinen Regierungen auch wesentlich für die Verschwendung und Fehlallokation der Staatseinnahmen verantwortlich. Die mangelhafte Infrastruktur und die einseitige Auslegung der Wirtschaft auf Rohstoffexporte verhindern eine schnellere wirtschaftliche Entwicklung und nicht zuletzt verpasst der Kontinent dadurch den Anschluss an die Weltwirtschaft. Die Vergabe von Entwicklungshilfe wirkt destruktiv, wenn, wie seit den 80er-Jahren der Fall, ein Wert von 8% der Staatseinnahmen überschritten wird. Des Weiteren ist die Vergabepraxis und Verwendung der Entwicklungshilfe der letzten 40 Jahre ein stark zu kritisierender Punkt. Des Weiteren verhindern Handelshemmnisse und Subventionen die Ausbreitung von Freihandel und die wirtschaftliche Entwicklung der Volkswirtschaften Afrikas. Dabei sind die entwickelten Länder, aber auch die Volkswirtschaften Afrikas selbst, die Verursacher.

All diese Aspekte sind für die aktuelle Lage des Kontinents verantwortlich. Dabei liegt kein Anspruch auf Vollständigkeit vor, da es regionale Sondereinflüsse geben kann. Die wesentlichen Punkte mit den größten Auswirkungen wurden in dieser Arbeit jedoch genannt und ausgeführt.

Ausblick

Durch die Millennium-Ziele der Vereinten Nationen wurde Afrika wieder in den Blickpunkt der Weltöffentlichkeit gerückt. Afrikas Bevölkerung wird im Jahr 2050 die Marke von 1,9 Mrd. Menschen oder 20,6% der Weltbevölkerung erreicht haben.[503] Die Welt außerhalb Afrikas muss sich darüber Gedanken machen, wie man dem Kontinent bei seiner Entwicklung und dem Anschluss an die Weltwirtschaft helfen kann. Wir können es uns nicht leisten, Afrika weiterhin zu vernachlässigen und nur zu unserem Wohl zu missbrauchen. Dabei müssen Frieden, Stabilität und Demokratisierung den Vorrang einnehmen. Diese Faktoren sind die wichtigsten, um dem Kontinent eine annehmbare Entwicklung zu ermöglichen. Die Demokratisierung schreitet auf dem Kontinent voran und die Zahl der Konflikt geht zurück. Es bleibt zu hoffen, das dies anhält und der Ansatz der Demokratisierung in vielen Ländern Afrikas (z.B. Kenia) den Ausweg aus der Armut für die Menschen Afrikas aufzeigt. Ein Mehr an Entwicklungshilfe in Form von Staatseinnahmen ist nicht produktiv, stattdessen muss die entwickelte Welt auf die Beilegung von Konflikten und die Demokratisierung des Kontinents drängen. So ist die Vergabe von Entwicklungshilfe seit dem Jahr 2000 immer stärker an Demokratisierungsbestrebungen gebunden. Afrika braucht Frieden, Stabilität und Demokratie, um den Anschluss an die Welt nicht gänzlich zu verlieren.

Angesichts der aktuellen Krise an den Finanzmärkten darf die Entwicklung Afrikas nicht vernachlässigt werden.

---

503 Vgl. Deutsche Stiftung Weltbevölkerung, 2008, S.1.

Literaturverzeichnis

Altmann, Jörn/Lindner, Helmut: Internationale Handels- und Währungsorganisationen, 1.Auflage (2005), Euro FH Hamburg

Altmann, Jörn: WTO, GATT, GATS, TRIP's und ihre Auswirkungen auf den Außenhandel, 2004
Available: http://ebwl.euro-fh-campus.de/campus/information/scorecard/material.php?id=361
Stand: 30.11.2008

Bardt, Hubertus: Rohstoffreichtum – Fluch oder Segen?, 2005
Available: www.iwkoeln.de/Portals/0/pdf/trends01_05_3.pdf
Stand: 18.11.2008

Belinga Belinga, Jean-Felix: Afrikas Relgionen in Geschichte und Gegenwart
Available: http://www.bpb.de/themen/5HTK8Q,0,0,Afrikas_Religionen_in_Geschichte_und_Gegenwart.html#art0
Stand: 03.12.2008

Bender, Dieter/Berg, Hartmut/u.a.: Vahlens Kompendium der Wirtschaftstheorie und Wirtschaftspolitik, Band 1, 7.Auflage (1999), Franz Vahlen München

Berg, Hartmut/Bender, Dieter/u.a.: Vahlens Kompendium der Wirtschaftstheorie und Wirtschaftspolitik, Band 2, München , 7.Auflage (1999), Franz Vahlen München

Braun, Gerald: Vom Scheitern des europäischen Fortschrittsmodells in der Dritten Welt, in: Oberreuter, Heinrich/Weiland, Heribert (Hrsg.): Demokratie und Partizipation in den Entwicklungsländern, 1. Auflage (1994), Schöningh Verlag Paderborn

Bundeszentrale für politische Bildung: Handelsgewichtete Zollbelastung
Available: http://www.bpb.de/wissen/JX7BR1,0,0,Handelsgewichtete_Zollbelastungen.html
Stand: 10.01.2009

CIA: African Ethnic Groups, 1996
Available: http://lcweb2.loc.gov/cgi-bin/query/D?gmd:8:./temp/~ammem_taGa
Stand: 03.12.2008

Collier, Paul: Die unterste Milliarde, 1. Auflage (2008), Verlag C.H. Beck, München

COMESA: COMESA Annual report, 2007
Available: http://www.comesa.int/publications/Folder.2005-09-07.4527/Folder.2005-09-07.0359/Comesa__English_Annual_Report_2007
Stand: 12.12.2008

COMESA: Programm 2008, 2008
Available: http://programmes.comesa.int/index.php?option=com_content&view=article&id=79&Itemid=50&lang=en
Stand: 10.11.2008

Commodity Research Bureau: The Commodity Yearbook 2008, 1.Auflage (2008), John Wiley & Sons, Hoboken, New Jersey (USA)

De Soto, Hernando: Freiheit für das Kapital, 1. Auflage (2002), Rowohlt Berlin Verlag, Berlin

Deutsche Stiftung Weltbevölkerung: Regionale Verteilung der Weltbevölkerung, 2008
Available: http://www.weltbevoelkerung.de/pdf/RegVertWB.pdf
Stand: 12.01.2009

Duden: Das Neue Lexikon, Band 1, 3. Auflage (1996), Dudenverlag, Mannheim

Easterly, William: Wir retten die Welt zu Tode, 1. Auflage (2006), Campus Verlag, München

EU: EU Verordnung 1217/2007, 2007, Europäische Kommission
Available: http://europa.eu.int/eur-lex/lex/JOHtml.do?uri=OJ:L:2007:275:SOM:DE:HTML
Stand: 09.01.2008

Friedland, Carsten: Die Digitale Kluft überwinden, Informations- und Kommunikations-technologie in Afrika, 2005
Available: http://www.bpb.de/themen/HRTBRR,0,0,Die_digitale_Kluft_%FCberwinden.html#art0
Stand: 10.11.2008

Huber, Maria: Strategien der Entwicklungspolitik – Ein Beitrag zur Kritik der Entwicklungsökonomik, 1. Auflage (1975), Peter Lang Verlag, Frankfurt

ICA: Annual Report, 2007
Available: http://www.icafrica.org/fileadmin/documents/ICA_Annual_Report_2007_-_FOR_WEB.pdf
Stand: 07.12.2008

Kempf, Sebastian: AIDS und seine Folgen für die wirtschaftliche und soziale Entwicklung, 2004
Available: http://www.weltpolitik.net/Regionen/Afrika/Gesamtregion/Wirtschaftliche%20und%20soziale%20Entwicklungen/Aids/Grundlagen/Aids.html
Stand: 20.12.2008

Kouassi, Adome Blaise: Rechtssysteme in Afrika südlich der Sahara, 2006
Available: www.uni-koeln.de/phil-fak/afrikanistik/kant/data/KA1_kant1.pdf
Stand: 18.11.2008

Krugman, Paul /Obstfeld, Maurice: Theorie und Politik der Außenwirtschaft, 7.Auflage (2006), Pearson München

Lachmann, Werner: Entwicklungspolitik, Band 4, Entwicklungshilfe, 1. Auflage (1999), R. Oldenbourg Verlag, München

Meyns, Peter: Afrika zwischen Autokratie und Demokratie, 2006
Available: http://www.bpb.de/publikationen/B42M84,0,Afrika_zwischen_Autokratie_und_Demokratie.html
Stand: 30.11.2008

o.V.: .....kann Entwicklungshilfe schaden – und wie lässt sie sich sinnvoller gestalten?, Wirtschaftswoche, Ausgabe 42, 13.10.2008, S.62

Omer, Suliman: Zusammenhang zwischen Entwicklungshilfe und wirtschaftlicher Entwicklung, Dissertation Universität Marburg, 2001

Oxfam: Africas missing billions, 2007
Available: http://www.oxfam.org.uk/resources/policy/conflict_disasters/downloads/bp107_africa_missing_billions.pdf
Stand: 10.12.2008

Oxfam: Überzuckert! Wie die Zuckerpolitik der EU den armen Ländern schadet, 2004
Available: www.oxfam.de/download/Zucker-Studie_kurz.pdf
Stand: 03.01.2009

Oxfam: The Impact of US Cotton Subsidies in Africa. In: Cultivating Poverty, 2002
Available: http://www.oxfam.org.uk/resources/policy/trade/downloads/bp30_cotton.pdf
Stand: 10.12.2008

Rogers, Jim: Rohstoffe, Der attraktivste Markt der Welt, 1. Auflage (2005), Finanzbuchverlag, München

Sachs, Jeffrey: Das Ende der Armut, 2. Auflage (2007), Siedler Verlag, München

Schmidt, Marco: Die Kritik an der Entwicklungshilfe: Argumente – Befunde – Konsequenzen, 20.02.2004
Available: http://www.hausarbeiten.de/faecher/vorschau/31347.html
Stand: 31.10.2008

Schmidt, Siegmar: Wieviel Demokratie gibt es in Afrika?, 2006
Available: http://www.bpb.de/publikationen/9QNETS,0,Wie_viel_Demokratie_gibt_es_in_Afrika.html
Stand: 30.11.2008

Schoeck, Helmut: Entwicklungshilfe – Politische Humanität, 1.Auflage (1972), Langen-Müller Verlag, München

Scholl-Latour, Peter: Afrikanische Totenklage, 6. Auflage (2003), Wilhelm Goldmann Verlag, München

Schreiber, Wolfgang: Kriege und bewaffnete Konflikte in Afrika seit 1945, 1997
Available: http://www.sozialwiss.uni-hamburg.de/publish/Ipw/Akuf/archiv_afrika.htm
Stand: 12.12.2008

Shikwati, James: Stellt die Entwicklungshilfe ein!, 2007
Available: http://debatte.welt.de/kommentare/24405/stellt+die+entwicklungshilfe+ein
Stand: 18.11.2008

Siebert, Horst/Lorz, Oliver: Außenwirtschaft, 8.Auflage (2006), Lucius&Lucius Stuttgard

Stiglitz, Joseph E.: Die Chancen der Globalisierung, 2.Auflage (2006), Siedler München

Stiglitz, Joseph E./Charlton, Andrew: Fair Trade, 1.Auflage (2006), Murmann Hamburg

Tetzlaff, Rainer: Afrika - Herausforderungen, Krisen und Potentiale, 2008
Available: www.akademie-rs.de/fileadmin/user_upload/pdf_archive/oehlschlaeger/2008/Tetzlaff_Sichtweisen_kompatibel.pdf
Stand: 01.12.2008

Theuringer, Martin: Die Everything but Arms Initiative der EU. In: Handelserleichterungen als Entwicklungspolitik, 06.03.2001
Available: http://www.iwp.uni-koeln.de/DE/Publikationen/komment/k060301.htm
Stand. 05.01.2009

Transparency International: Annual Report 2007, 2007
Available: http://www.transparency.org/publications/publications/annual_reports/annual_report_2007
Stand: 15.12.2008

UNDP: Human Development Reports, 2008
Available: http://hdrstats.undp.org/buildtables/#
Stand: 01.12.2008

United Nations Information Service: Hilfszahlungen – Dreh und Angelpunkt der Entwicklung, 2008
Available: http://www.un.org/esa/ffd/doha/press/german/Backgrounder_Aid_DE.pdf
Stand: 12.01.2009

US Trade Representative: Comprehensive Report on U.S. Trade and Investment Policy Toward Sub Sahara Africa and Implementation of the AGOA, May 2008
Available: http://www.state.gov/p/af/rt/agoa/
Stand: 03.01.2009

Worldbank: Gross domestic product, 2007
Available: http://siteresources.worldbank.org/DATASTATISTICS/Resources/GDP.pdf
Stand: 02.12.2008

Worldbank: Little Data Book on Africa, 2007
Available: http://siteresources.worldbank.org/INTSTATINAFR/Resources/LDB-Africa-12-2-08.pdf
Stand: 02.12.2008

Worldbank: 50 Factoids about Subsahara African, 2007
Available: http://web.worldbank.org/WBSITE/EXTERNAL/COUNTRIES/AFRICAEXT/EXTPUBREP/EXTSTATINAFR/0,,print:Y~isCURL:Y~contentMDK:21106218~menuPK:824080~pagePK:64168445~piPK:64168309~theSitePK:824043,00.html
Stand: 01.12.2008

WTO: Merchandise trade by product, 2007
Available: http://www.wto.org/english/res_e/statis_e/its2008_e/its08_merch_trade_product_e.htm
Stand: 01.12.2008

WTO: WTO world trade developments, 2007
Available: http://www.wto.org/english/res_e/statis_e/its2008_e/its08_world_trade_dev_e.htm
Stand: 01.12.2008

WTO: WTO world trade report, 2007
Available: http://www.wto.org/english/res_e/booksp_e/anrep_e/world_trade_report08_e.pdf
Stand: 01.12.2008

WWF Deutschland: Europäische Baumwollproduktion und Subvention-Zahlen und Fakten, 13.12.2005
Available: http://www.wwf.de/.../landwirtscgaft/Europ_ische_Baumwollproduktion_und_Subventionen___Fakten_und_Zahlen.pdf
Stand: 03.01.2009

Zapf, Maria: Stumpfe Waffe gegen Armut, Financial Times, Ausgabe 25.09.2008, S.14

Weitere Internetquellen:

http://commons.wikimedia.org/wiki/File:African_language_families.png

http://www.diercke.de/kartenansicht.xtp?artId=978-3-14-100700-8&seite=132&id=%205076&kartennr=3

http://www.geolinde.musin.de/afrika/html/t_afrklimaundvegetation.htm

http://www.geolinde.musin.de/afrika/html/t_afrkolonialismus.htm

http://www.indexmundi.com/de/simbabwe/bruttoinlandsprodukt_(bip)_reale_wachstumsrate.html

http://www.inwent.org/v-ez/lis/kenia/seite4.htm

http://www.spiegel.de/politik/ausland/0,1518,grossbild-991371-510917,00.html

http://www.un.org/special-rep/ohrlls/ldc/ldc%20criteria.htm

http://www.un.org/special-rep/ohrlls/ldc/list.htm

http://www.un.org/special-rep/ohrlls/lldc/list.htm

http://www.water-for-africa.org/de/afrika/gesundheit.html

AUSSENHANDELSPOLITIK UND -PRAXIS

Herausgegeben von Prof. Dr. Jörn Altmann

ISSN 1614-3582

1 *Anja Marx*
Außenhandel mit Italien
Ein Exportratgeber für deutsche Unternehmen
ISBN 3-89821-072-3

2 *Quynh Anh Dang*
Foreign Direct Investment in Vietnam
Chancen und Risiken für ausländische Investoren im vietnamesischen Markt
ISBN 3-89821-260-2

3 *Jürgen Neuberger*
Gesellschaftsformen in Europa und den USA im Vergleich
ISBN 3-89821-311-0

4 *Thomas Steffen*
Japan im Wandel
Chancen, Risiken und Erfolgsfaktoren für ausländische Unternehmen
ISBN 3-89821-298-X

5 *Thomas Wölfel*
Marken- und Produktpiraterie
Eine Studie zu Erscheinungsformen und Bekämpfungsmöglichkeiten
ISBN 3-89821-284-X

6 *Imke Heinrich*
Markenführung als strategischer Erfolgsfaktor
ISBN 3-89821-351-X

7 *Albrecht Neumann*
Kulturspezifische Probleme in deutsch-russischen Wirtschaftsbeziehungen
Das Beispiel Siemens Business Services in Moskau
ISBN 3-89821-408-7

8 *Tanja Fuß*
Negotations with the Japanese
Overcoming Intercultural Communication Hurdles
ISBN 3-89821-420-6

9 *Verena Ohms*
Rechnungslegung national und international
Eine vergleichende Darstellung der Rechnungslegungsgrundsätze nach HGB und IFRS
ISBN 3-89821-520-2

10 *Verena Ohms*
Konzernabschlüsse national und international
Eine vergleichende Darstellung der Konzernrechnungslegung nach HGB und IFRS
ISBN 3-89821-521-0

11 *Astrid Zippel*
EU-Förderprogramme für kleine und mittelständische Unternehmen
Ein Ratgeber
ISBN 3-89821-704-3

12 *Nicole Daiker*
Risikomanagement im Zollbereich
unter besonderer Berücksichtigung des zugelassenen Wirtschaftsbeteiligten
ISBN 978-3-89821-897-9

13 *Ying Sun*
Beschaffung in China
Ein Ratgeber für optimale Verhandlungen mit chinesischen Lieferanten
ISBN 978-3-8382-0002-6

14 *Marcel Rank*
Sanierungsfall Afrika
40 Jahre Entwicklungshilfe
Bilanz und Perspektiven
ISBN 978-3-8382-0021-7

Abonnement

Hiermit abonniere ich die Reihe **Außenhandelspolitik- und praxis (ISSN 1614-3582),** herausgegeben von Prof. Dr. Jörn Altmann,

❐ ab Band # 1

❐ ab Band # ___

❐ Außerdem bestelle ich folgende der bereits erschienenen Bände:
#___, ___, ___, ___, ___, ___, ___, ___, ___, ___, ___, ___

❐ ab der nächsten Neuerscheinung

❐ Außerdem bestelle ich folgende der bereits erschienenen Bände:
#___, ___, ___, ___, ___, ___, ___, ___, ___, ___, ___, ___

❐ 1 Ausgabe pro Band   ODER   ❐ ___ Ausgaben pro Band

Bitte senden Sie meine Bücher zur versandkostenfreien Lieferung innerhalb Deutschlands an folgende Anschrift:

Vorname, Name: ________________________________

Straße, Hausnr.: ________________________________

PLZ, Ort: ________________________________

Tel. (für Rückfragen): ________________ *Datum, Unterschrift:* ________________

Zahlungsart

❐ *ich möchte per Rechnung zahlen*

❐ *ich möchte per Lastschrift zahlen*

bei Zahlung per Lastschrift bitte ausfüllen:

Kontoinhaber: ________________________________

Kreditinstitut: ________________________________

Kontonummer: ________________ Bankleitzahl: ________________

Hiermit ermächtige ich jederzeit widerruflich den *ibidem*-Verlag, die fälligen Zahlungen für mein Abonnement der Reihe **Außenhandelspolitik und -praxis** von meinem oben genannten Konto per Lastschrift abzubuchen.

Datum, Unterschrift: ________________________________

Abonnementformular entweder **per Fax** senden an: **0511 / 262 2201** oder 0711 / 800 1889
oder als **Brief** an: *ibidem*-Verlag, Julius-Leber Weg 11, 30459 Hannover oder
als **e-mail** an: **ibidem@ibidem-verlag.de**

ibidem-Verlag
Melchiorstr. 15
D-70439 Stuttgart
info@ibidem-verlag.de

www.ibidem-verlag.de
www.ibidem.eu
www.edition-noema.de
www.autorenbetreuung.de

FSC
www.fsc.org
MIX
Papier | Fördert
gute Waldnutzung
FSC® C083411

Kolibri 360 GmbH
Ferdinand-Jühlke-Straße 7
99095 Erfurt, Deutschland
produktsicherheit@kolibri360.de